公認会計士の歩き方

10のキャリアの道しるべ

監修：山田陽子
編著：日本公認会計士協会 京滋会

税務
フリーランス
IPO
監査
事業再生
M&A
事業承継
CFO

教授
事業

清文社

発刊にあたって

日本公認会計士協会京滋会では、会長在任期間中に出版物を発刊することを目標として出版委員会が組成され、その時代に応じたテーマの書籍を発刊すべく活動しています。この度は「公認会計士の歩き方」を上梓できましたこと大変ありがたく、嬉しく思っております。

これまでは、監査・会計の専門家として、実務に役立つ書籍の発刊が中心でしたが、今回は視点を少し変え、公認会計士が置かれている現状や、公認会計士の働き方を知っていただくとともに、人生の選択の一助に貢献できればと考えております。

１９４８年に証券取引法が改正され、１９５１年より証券取引法に基づく公認会計士による上場企業等の監査が開始されました。それ以来、公認会計士は、資本市場の財務情報の信頼性を確保する監査業務を中心に業務を行ってまいりました。それに加え、国民経済の健全な発展に寄与するべく、税務業務やコンサルタント業務など幅広く業務を行ってまいりましたが、近年、働き方は多様化し、組織内で財務担当者として勤務するもの、社外取締役や社外監査役となるものなど、さまざまです。また、クライアントも上場企業から上場を目指すＩＰＯ企業、ベンチャー企業、中小企業、学校や地方自治体などの非営利法人、個人などに広がっています。働く場所も国内から海外へと拡大しており、公認会計士の働き方は、その数だけ、個性があるとも感じます。

今回は、京滋会を中心に、10名のさまざまな働き方をされている公認会計士の方々にインタビューを行い、公認会計士としての働き方、そこに至った経緯、悩み、後進の方に伝えたいこと、今後の展望などについて、赤裸々に語っていただきました。10名の方の熱い語りをひとり数ページに纏めることは、困難で苦しい作業でした。ぜひ、行間の熱い想いを感じていただければ幸いです。それぞれ進んでいる道はさまざまですが、みな、人生の選択として公認会計士を目指したことはよかったとの想いは変わらないと感じます。

昨今、多くの若者が数年で転職先を模索するなど、働き方に迷うケースが多いようです。私たちの業界でも、監査法人を数年で退職し別の働き方を模索するケースが増えています。この本は、これからどのような職業を選択しようかと考えている若い方、また公認会計士になったものの今後の進み方に悩んでいる方、公認会計士と仕事を共にしている方、したことのない方など、多様な方々に「今の公認会計士のありのまま」を知っていただき、この職業の面白さや幅広さを感じて興味をもっていただければ幸いです。また、公認会計士という進路を人生の選択肢に入れていただいたり、働き方のヒントをそこに得ていただけると、大変うれしく思います。

最後に、出版に当たりご協力いただきました清文社の小泉定裕社長、執筆に当たった京滋会出版委員各位に感謝申し上げ、巻頭のご挨拶とさせていただきます。

令和7年3月1日

日本公認会計士協会京滋会

会長　山田　陽子

公認会計士の歩き方

CONTENTS

File 01

【税務】

監査と実務の相乗効果

Ohashi Seiichi

大橋 誠一

[経歴]

①23歳で税理士試験5科目合格する
②税理士事務所に勤務する
③30歳弱で公認会計士試験に挑戦する
④32歳で公認会計士試験に合格する
⑤大手監査法人に勤務する
⑥国税審判官に採用される
⑦相続専門の税理士法人に勤務する
⑧ 独立開業

■まず税理士試験に合格した当時のことを教えてください。

税理士試験の勉強を始めたころは、ちょうどバブル経済の崩壊で景気が徐々に悪くなっていた時期でした。試験の1年目は大学3年生のときで、簿記論だけ受験して合格しているのですが、もし簿記論に不合格だった場合や、合格したとしても当時の景気が良かったならば、おそらく周りに流されて銀行などの企業に就職していたと思います。むしろ不景気だったから試験勉強を継続できたのかもしれません。それで、大学4年生である2年目は、財務諸表論と相続税法を受験して合格し、大学を卒業した年である3年目に法人税法と消費税法に合格して、結果として23歳で5科目合格となりました。

■その後税理士事務所に入所されていますが、どのような事務所でしたか?

京都の昔ながらの中規模の事務所で、初任給は18万7000円で正直なところ高いとは思いませんでした。やはり実務経験があることは強く、税理士資格のないいわゆる「番頭さん」であっても仕事ができる方は当時の私の年収の4~5倍の1500万円ほどもらっていたのでは

File 01

ないでしょうか。事務所としてはその方がいないと回らないということで、その方は当時「事業部長」「所長代理」という肩書きで業務をされていました。

■税理士資格がない事務員さんで1500万円とは、すごく夢がある事務所に見えますが、収入は実務経験とともにぐっと上がっていくのでしょうか？

たとえ試験に合格して最新の税法を知っているといっても、入社して間もないということで、私の初年度の年収は300万円台でした。その後、税理士登録して3年、入社5年目の28歳のときの月給は、残業手当のつかない管理職として26万5000円でした。

■会計士に転向するきっかけは何だったのでしょうか？

平成12年（2000年）くらいに、会計士の数が足りないということで、合格者を1500人にするという話が新聞で取り上げられていました。当時の労働環境が前述のとおりだったことに加え、企業の規模が大きくなると税理士のみならず、会計士の知識・経験が必要になってくるのではないかとしだいに思うようになったのが要因の一つです。

■他にも収入面の悩みなどもあったのでしょうか?

たしかにそれも少しありました。税理士事務所と監査法人の給料の水準がなぜ大きく違うかというのは、両方経験した私の中では結論が出ていまして、ズバリ、クライアントの報酬支払能力の違いなのです。

また、今後自分が本当に付き合いたいと思うような企業は、税理士よりも会計士の方が接点は多いのではないかと思うようになりました。それに、働いて5年くらいだったので自分を見つめ直すではないですが、30歳を目の前にして勉強に専念するのはこれが最後のチャンスだと思って、お世話になった事務所を退職して専門学校に行くことにしました。

■会計士試験は税理士試験と比べてどうでしたか？

むしろ税理士試験の方がつらかったです。会計士二次試験（現在の論文式試験）に合格したのが税理士試験合格の9年後でしたので、年齢的に記憶力が落ちているはずですが、それでも税理士試験の方がしんどかったです。税理士試験の合格前後は鬱状態のような感じでしたから。

■若いときに合格した代償みたいなのがあるのでしょうか？

それはあると思います。税理士試験に合格したときに、モラトリアム期間が強制終了し、これで社会に出ないといけないという状況に直面して、どこかの専門学校の講師をしようかと思ったくらい、実務に向き合うというか社会に揉まれるのが怖いと感じるときもありました。そういう意味では、最初にお世話になった事務所は新人をきちんと育てるという意識が強い事務所でしたので、税理士の基礎を作るという点ではありがたかったです。ちなみに、会計士二次試験に合格した平成16年に、それ以前から付き合っていた女性に、その合格発表日にプロポーズをし、結婚しました。その時点で32歳です。

■会計士までの道のり、長かったですね。

長かったです。そして、私は大手監査法人の大阪事務所に入所しました。国際系統とＩＰＯ*系統という違いでクライアントが班分けされていたのですが、特に英語が好きというわけではなかったので、ＩＰＯ系統の部門に配属となりました。ですので、グローバルクライアントには１日たりとも配員されたことがなく、ドメスティックな会社に配属され、夜10時の店舗閉店後に往査して在庫を数えたり、架空の人件費がないかどうかチェックしたりしました。最も長く関与したのは、Ｎ社（東証上場の製造業）です。

＊ＩＰＯ……「Initial（最初の）Public（公開の）Offering（売り物）」の略で、「新規公開株式」や「新規上場株式」のこと。実務的には上場支援業務そのものを指すことも多い。

■監査的には割とベーシックなところですね。

そうですね、割とベーシックに幅広い業種の監査をメインにしていました。そうは言っても、同期よりは入所当初からバリバリ仕事ができるわけです。５年間税理士事務所を経験していますから、書類の見方もよくわかるし、会社の方ともいきなり話ができる。あるクライアントで往査初日の最初に質問されたのが印紙税でした。「大橋さん、税理士の資格をお持ちのようですね、印紙税のこと教えてもらっていいですか」って。

■周りとの年齢差や温度差は感じましたか?

一番若い同期と11歳も違うのです。やはり、どちらかというと若い方はビッグクライアントに行ってみたい傾向があって、そういうクライアントの方が監査報酬も高いし、監査報酬が高ければそのチームのスタッフ*は出世しやすいということもあると思います。この時、年齢差11歳をひっくり返してパートナー*になってやるという感じまでは思っていませんでした。

*スタッフ……一般企業でいうところの平社員。

*パートナー……監査法人の出資者であり経営層。監査業務の責任者にもなる。

■給料的にはどうでしたか？

私が監査法人に入った年の年収は、所属税理士としての最後の年よりも高くて、それでいて労働時間は3分の2程度でした。時間単価にすれば所属税理士時代の正味倍になりました。シニアスタッフ*になる直前の年の基本給が37～38万円くらいだったでしょうか。加えて、今のように変形労働時間制などなかったので、繁忙期の残業代は多かったです。

*シニアスタッフ……一般企業でいうところの係長級。

■定時140時間計算で時間単価3400円くらいですか？

はい。ですので、監査法人には最後までいないだろうとは思いながらも居心地は悪くなく、結局10年近くいたことになります。ビッグクライアントで不正があったとか、そういうシビアな業務もなく、年収としては800万円くらいで、結婚して家も建ててという状況でした。ただ、その次はマネージャ*に上がるかどうかというときに、同期に年齢的には負けているわけです。監査法人での残存活動年数としては実際のところ短くて不利ですから。

File 01

＊マネージャ……一般企業でいうところの課長級。

■そこで次の転機が訪れたのでしょうか？

シニアスタッフ3年目くらいのときに、国税不服審判所の国税審判官というキャリアがあることを知りまして、平成24年度に一度応募してみました。会計士・税理士とも試験合格と実務経験を経ているので、どちらかの募集枠で採用してもらえるだろうと思っていたのですが、結果として採用されなくて、その2年後にもう一度応募して採用されました。2回目は前回の反省から、「採用されて当然」といった態度ではなく「国民全体の奉仕者です！」という殊勝な態度を取るなどきちんと対策をしていました（笑）。

■国税審判官の採用試験はどのような感じだったのでしょうか？

意外にも書類選考と面接1回だけです。筆記試験もなく、会計士と弁護士と税理士が同じ評価基準で評価されます。職務経歴書での書類選考で大体半分くらいに絞って、あとは面接です。

実は競争率は思ったほど高くなく、100人くらい応募して15人くらい採用されます。ただし、資格別で言うと弁護士にとっては超広き門に対し、会計士・税理士にとっては超狭き門なのです。全国の民間出身の国税審判官のうち、半分くらいが弁護士で3分の1が税理士、6分の1が会計士です。

■税理士・会計士はあまり重宝されないのですか？

裁判官出身であり当時の面接官でもあった大阪国税不服審判所長に、「国税に関する官職なのですから、もっと会計士や税理士が採用されてもよいのではないですか」と直接聞いたことがありました。そうすると、審判所にしてみると、規模の小さい地方の審判所には弁護士を優先して充てるなどしているため、やはり半分くらいは弁護士が欲しいとのことでした。その理由としては、審判所は国税のいわば裁判所のようなところであり、どこまで証拠を収集すればこの事実が認定できるとか、審判所で棄却して裁判所に進んだときに、裁判所で原処分が維持されるかどうかといった見極めは、会計士や税理士ではなかなかわからないということでした。

File 01

■**確かに、会計士は裁判とか触れる機会がないです。**

しかし、応募数は圧倒的に会計士・税理士が多いのです。結果として、弁護士は競争率2～3倍くらいであるのに、会計士・税理士は15倍くらいになっていて、おしなべて競争率7倍といった状況になります。採用後に、採用に携わった方から、あなたは会計士枠でも税理士枠でも採用できたと言われました。ですから、税理士試験合格後に会計士二次試験に合格したというのは、遠回りではあったものの、審判所に行く資格という意味ではよかったです。ちなみに私は税理士出身ではなく、会計士出身として採用されています。それは、実のところ、会計士の枠がたまたまあったからにすぎません。

■**審判所に入ってからはどのような仕事をされていましたか?**

どのような税目でも担当するという部署で3年過ごしましたが、担当した事件の半分くらいがたまたま相続税の事件でした。たとえば東京国税不服審判所には、資産評価専担部門がありますが、大阪国税不服審判所は基本的にどの税目の事件がきてもみんなが順番で担当します。

ですから国税出身の方でも資産税専門の会計士・税理士でも、審査請求されたのが徴収事件であれば国税徴収法を一から勉強して審理するといった感じです。しかし私は、たまたま徴収事件には当たらずに相続税事件が多かったのです。

■審判所にはいつまで在官できるのでしょうか?

あくまで任期付公務員ですから、国税出身者と違って基本的に3年間で放り出されます。7月10日から3年後の7月9日までが任期であり、最後の年度の2月くらいに任期延長はありませんと言い渡されます。多少の退職手当、といっても待遇は結構よく、3年間で230万くらいを手にして退所することになります。

一応は任期延長の希望を出していましたが、会計士・税理士は基本的に片道切符でしょう。そうすると、監査法人は前述のとおりキャリアの頭打ちがあるという状況で、自分で開業するかほかの事務所で雇用してもらうかという話になるのですが、そのときにたまたま、ある税理士法人の代表のブログで相続税事案の審査ができる職員の募集を見つけました。

■相続税専門のチェスターの福留さんですね。

そうです。当時のその事務所では年間の相続税申告件数が全国で1000件くらいだったと思いますが、申告書を地域ごとの代表税理士が全部チェックする状況はすでに飽和状態に近い状態でした。難易度の高い事案を外部のOB税理士に照会するという体制はありましたが、それを内製化して、審査専従者を設けたいという意向でした。そういうわけで、審判官3年目の3月の初旬にはその税理士法人の内定が出ていたという状況でした。報酬的には、国税審判官の年収と同じくらいか少しよいくらいという程度でしたので、キャリアダウンすることもなかったです。

■民間に戻ってからのお仕事はいかがでしたか?

相続税申告の仕事の何がつらいかというと、BtoC*で素人のお客さんの相手をするところだと思うのです。事業者相手であればお互い様の部分もありますが、個人相手であるとお客様は神様ですと思っているお客さんがまだまだいます。しかし、内部の審査担当者となると、仕事相手は事務所のスタッフか外部といっても会計士・税理士の先生ですので、そういう意味でのつらさはなかったです。

＊ＢｔｏＣ……Business to Customer の略で、一般顧客を相手に商売を行うこと。逆にＢｔｏＢ（Business to Business）は事業者を相手に商売を行うこと。

■審査以外には何をされていましたか？

ほかには、会計士・税理士の先生向けのセミナーで講師をするとか、事務所が出版する書籍の校正・監修といった業務、監査法人でいうところの重要審理＊のような業務を担当しました。重要論点にピンポイントで関与するとか、財産総額又は相続税申告報酬額が一定額以上で通常の代表税理士のチェックに上乗せして申告書をチェックするであるとか、そういった業務をしていました。繰り返しになりますが、ＢｔｏＣでないというところが私にとっては一番大きくて、実は今もそういう形にしています。

＊重要審理……監査業務における重要な問題について審査専門部署に判断を仰ぐこと。

File 01

■独立して自分の事務所を作って稼ごうみたいなことはなかったのでしょうか？

このまま税理士法人の所属税理士でいるのもどうかなと思ったときに今後のことを考えました。

審判所を任期満了で退官したのが44歳で、その時点で住宅ローンや教育資金の目途が立っていたこともありましたので、そんなに大きく儲からなくてもいいかという気持ちもありました。自分が給料を支払って人を雇用する気持ちは今もないですし、自分ひとりで自分が納得できる、自分ができる範囲の仕事をしても、まあ路頭には迷わないだろうという感じでしょうか。それで開業したのが47歳です。

■それでは税理士法人に居たのは3年ということですか？

3年弱です。ただ、今も週1～2日くらい関与しています。相続税専門事務所の宿命は常に営業なのです。法人の税務顧問と違って、不断に新規案件を獲得していかなければなりません。そうなると、事務所の規模が大きくなればなるほど、品質を維持しながら営業も強化しないといけません。ですので、私が関与することで品質を保ちながら受注できた業務を円滑に処理することができるという点でその税理士法人にとってWinではないかと思いますし、私としても法人顧問業務がない中で継続的に収入が得られ、かつ、自分ひとりで全て担当したならば絶対に処理できない件数を申告書チェックであれば十分に関与できて、個々の論点が自分のノウハウの蓄積にもなるという点でWinになると考えています。

■税務に戻られましたが、会計士の経験は活きていますか？

相続税申告における一番のリスクは相続財産の網羅性の確保ですが、それは会計士の経験がないと指摘できないものもあると感じています。ですので、税理士法人で従事している申告書のチェック業務で得られた経験をほかの会計士・税理士の先生に対しても展開しています。今の仕事は税務をベースにしながらも、その素養は実は会計士の経験に基づいています。

■やはり、監査の経験なんですね。

監査を経験してきたからこそ、「こんなリスクを考えておいた方がよいのではないですか」と言えるということです。年がら年中相続税申告に従事している事務所のスタッフが作成した申告書であってもいくらかは指摘事項があるのに、年間で片手分も相続税申告の機会がない街の税理士事務所のスタッフの方が作成した相続税申告に指摘事項が全くないかというとそんなはずはないだろうという話です。特に、相続税申告は法人担当のスタッフには任せづらく、所長先生が自分で作成して事実上誰のチェックも受けることなく提出されてしまうという事務所は思いのほか多いと思います。私の感覚では従業員5人以内の事務所はおそらく大方がそうでしょう。ですので、その会計士・税理士の先生がお客さんからいただく報酬の何%かをいただいて、検算も含めて特に相続財産の網羅性という点で論点出しをするといったことをしています。

■個人事務所を開業されたときのことを聞いてもいいですか？

令和元年（2019年）11月に、ターゲットを会計士・税理士と決めて近畿税理士会館の目の前で開業しました。特に審判所で同勤した定年間際くらいの出世された国税出身者は自分で手を動かしたくない方が多く、そういう方の助けになることも考えていました。ただ、今はコロナ禍の影響や家庭の事情もあって京都に帰ってきています。自宅の1室に複合機など最低限の設備を置いて、対面での打ち合わせはリモート又はこちらから伺うというスタイルでしています。

相続税申告チェックについても、現在はクラウド上でデータを共有できるので、必要に応じてZoomなどで打ち合わせをしながら十分にできています。

■お仕事の増え方はどのような感じですか？

何とも言えないですけど、やはり一度チェックの依頼があった方は次もお願いという形になりやすいですね。相続税申告案件自体は狩猟民族のように獲得していかないといけないのでしょうけど、私のお客さんは相続税申告に従事している会計士・税理士の先生であり、個々の事務所からの依頼の頻度はまちまちですが、総体としてはおおむね安定若しくは少しずつ増加しているのではないかと思います。そうなると、ほかの独立会計士の先生が従事されている業務をする必要はもはやなくなってくるというか、時間がなくなってきます。

■今後はどうされる予定ですか？

まず、日本で年間亡くなる人が１４０万人で、うち相続税申告が必要となる割合が10％としても14万人の申告需要がありますが、それでいて大手といわれる専門事務所のシェアがまだまだ高くないことからすれば、市場はそれなりに大きいものがあるでしょう。ですので、私自身が相続税の申告書を書くというよりは、申告内容が本当に大丈夫かという、後方支援的な話はそれ以上に必要なのだろうなと思っています。

ニッチですけど私が食べる分くらいは確実にあります。ですから、仕事の量としては十分ではないかと思います。

■仕事の楽しみとか、質という面ではどうですか？

ＢｔｏＢでお客さんが事業者ですので、正直なところ大きくは儲からないです。申告報酬の何％かをいただくにしても、当たり前ですが元請けよりは儲からないですし、何せ専門家相手ですから、仕事の要求レベルが高くなるということもあります。ですので、ＢｔｏＣで素人さんを相手にしなくていいのは私にとってはストレスがなくてよいのですが、その分要求水準は上がってシビアに判断されるというジレンマはあります。

■改めて会計士の強みって何でしょうか？

私は仕事のメインは相続税ですが、結局は会計士のキャリアを活かしています。税務と監査はリスクの方向は正反対ですが、公認会計士の監査経験の本質的な部分を活かせる領域はあります。

その活かせる領域が、私の場合は税務だったというわけです。

ですから本当はもっと国税審判官経験者が出てきてもいいなと思います。しかし、参入障壁

File 01

が高いのです。特に開業している方にとっては、常勤の公務員ならではの兼業禁止の規制があることがなかなか難しいところです。しかし、常勤だからこそ、国税出身者の思考を学び、あるいは飲み会などから人間関係が密になって、その後の仕事に生きることもあります。ですので、会計士・税理士の2代目の方にはよいのではと思います。そういう方は片道切符ではなく帰るところがありますから。

■国税審判官に興味を持っているような若手の会計士がいたら、どういうアドバイスをされますか？

実際にあった話ですが、国税局の税務調査において、デリバティブ*の実現益に課税して、なおかつ評価益にも課税するという更正処分をした事例がありまして、納税者はそれがおかしいと主張して審査請求をしてくるのですが、たとえば、担当審判官が弁護士の場合、会計的なスキルがなくてわからないといった話があります。

それをデリバティブのことを説明できる会計士が合議に参加することによって課税処分が誤

りだったと判断することができるのです。そういう意味で、会計士が任官されるのであれば、法人税事案が多く期待できる東京や大阪といった規模の大きな審判所の方がよいですね。ただし、勤務地を限定すると需要と供給のミスマッチで採用されないことが多いです。そうは言っても、任期の最後の方は地元に異動させてあげるといった配慮は期待できます。ですから、最初は苦情処理とさほど変わらないような事案も経験しながら、2～3年目の人事異動で東京、大阪、そして名古屋などの審判所に異動させてもらって、会計士が得意とする事案に当たる確率を上げるというイメージを持つのがよいのではないかと思います。

＊デリバティブ（取引）……金融派生商品と呼ばれ、リスクヘッジや効率的な運用手段として生み出されたもの。代表的なものに、先物取引やオプション取引がある。

■大橋さんの場合はファーストキャリアも資産税で、審判所でも資産税事件が多かったということで、独立したら資産税分野に従事することになったかと思いますが、審判所で法人税事件を担当することが多かったりすると、独立したときに調査対応が得意な税理士というふう

になるのでしょうか?

それが自然な流れではないでしょうか。いざとなったら不服申立ての代理人もできるよということで、過去の経歴に依存した口先介入だけではなく自分自身の手も動かせるOB税理士のような、会計士とOB税理士のいいとこ取りのような立ち位置になれるかもしれません。

■キャリアの中でこうしておいたらよかったみたいなことはありますか?

英語ができたらとは思いますね。国際資産税などこれから特に需要があるはずですがなかなか踏み込めません。税理士試験の当時に大学院に進学しなかったのは、経済的な事情もありますが、英語を改めて勉強しないといけないのは嫌だという気持ちはありました。ですから英語ができれば、日本経済が縮小気味になっている現状を打破するために、海外へ出るような選択肢もあったかもしれません。しかし結果的には、今のままで何とか自分は逃げ切れるかなという感じはあります。そんな守りの姿勢でよいのかといわれそうですが、私もキャリアをさまよっているうちに50代になってしまいましたので。

■後進の方たちに向けて伝えたいことはありますか？

監査法人に入所して大規模クライアントに配属されてそのまま出世していくような、監査法人らしいキャリアを経ていると、むしろ独立したときにほかと差別化できる個性が生まれづらいので、ほかの人と自分がどう違うのかというのを考える必要はあるかと思います。

ただ、やはり思うのは、士業ほど恵まれている商売はないと思います。ほかの商売と違って、登録費用と開業費用で数十万円程度あれば仕事が始められます。試験という参入障壁は高いですが、業界に入ってさえしまえばあとは自分の興味と今までやってきた経験を活かしていけると思います。ですので、もう一度人生をやり直すにしても、結局は資格の道に進んだのではないかなと思います。そう思えるくらい資格商売っていうのは恵まれています。

File 01

コラム COLUMN

公認会計士の主な業務

公認会計士の主な業務には、次のようなものがあります。

①監査業務

公認会計士法上の一項業務とよばれ、企業の財務諸表が適正に作成されているかを確認する法定監査や、企業独自の依頼による任意監査を行います。

②コンサルティング業務

監査以外の業務であり公認会計士法上の二項業務とよばれるものです。経営戦略の立案、M&Aの支援、事業再生支援、事業承継支援、財務戦略のアドバイス、内部統制システムの構築支援などのほか、財務諸表作成や原価計算制度の構築など業務は多岐に渡ります。

③税務業務

税理士登録を行うことで、法人税や所得税などの申告書作成、税務相談、税務調査対応を行うことができます。税務業務を仕事の中心としている独立公認会計士も多くいます。

④その他

教育や研究活動、IT監査、ESG関連業務など新しい分野にも進出しており、多様な役割を担っています。また、語学力を生かし海外取引に関する税務アドバイスや、海外拠点の監査を行うなど、グローバルに活躍する公認会計士も少なくありません。

【フリーランス】

File 02

スタートアップの夢をカタチに

Yoshida
Yuka

吉田 由佳

［経歴］

① 大学卒業後、人材派遣会社Pに勤務する
② 家業に従事しながら会計士を目指す
③ 大手監査法人に勤務する
④ 不動産投資ファンドに転職する
⑤ 別の大手監査法人に再就職する
⑥ 大学院でベンチャーエコシステムを学ぶ
⑦ 独立してフリーランス会計士になる

■公認会計士を目指したきっかけは何ですか？

結構単純で、私の実家が自営業だったのですが、自営業は不安定なので、自分で手に職を持ちたいという気持ちからでした。自営業は良いときは良いけど、業績が良くなかったときもありました。どちらかというと手に職を持って安定したお金を稼ぎたいと思い、資格を取るということを真っ先に考えました。

■資格はいろいろあると思いますが、その中でなぜ公認会計士を選ばれたのですか？

高校生のときに職業リストが配られ、公認会計士、弁護士、国家公務員などが紹介されていたのですが、当時は弁護士になりたくて大学受験で法学部を第一志望で受けました。ですが、法学部は不合格だったので、合格した経済学部に行きました。自分の周りでも1年生から会計士を目指す人がとても多かったです。それで少し興味を持ち、まずは簿記を勉強してみようかと思いました。独学で簿記3級を勉強すると面白いと感じ、2年生から横浜の専門学校に行き、会計士の勉強を始めました。

File 02

■在学中にしっかり会計士の勉強をされたのですね。

それが、大学2年生の終わりに、家の事情が悪くなってしまい、会計士試験の勉強に専念することができなくなってしまいました。3年からは生活費を稼ぐためのアルバイトもせねばなりませんでしたから、やめざるを得ませんでした。アルバイト以外にもベンチャーの有償インターンを経験し、学生起業サークルに入って、いろいろな起業家の人にインタビューをさせていただきました。将来、ベンチャーに関わりたいという気持ちは持ちつつも、まずは、新卒給与が比較的恵まれていた人材紹介会社Pに就職し、法人営業部に配属されました。

■ここから、どのように会計士を目指すことになるのでしょうか?

就職から1年後、家の状況が良くなってきたのと、大学の同級生で会計士試験に受かった友人が会いに来てくれて、「頑張れば合格できる試験だからやってみたら」と焚きつけられました。それでもう一度、会計士試験にチャレンジしたいという気持ちになり、会社を辞め、再度、専門学校に通いました。実家の自営業の手伝いや専門学校でのアルバイトもしながらで、試験に合格しました。

■その後は監査法人へ就職されたのですか？

大手監査法人の東京事務所に行くことに決めました。当時のジャスダックやマザーズに上場をしている会社を中心に監査を経験しましたが、監査調書もうまく作れず、評価も普通のレベルでした。当時は、深夜も土日に働くことも普通でしたので、体力的も精神的にも厳しく、体調も芳しくなかったです。本当にこの時期は、何も為すことができず、挫折の連続でした。しだいに労働時間を減らしたいと思うようになり、その監査法人を2年半で辞めました。

■監査法人退職後はどうされたのですか？

不動産投資ファンドKに就職しました。ファンドって名前からしたら激務なイメージですが、バックオフィス部門はホワイトで、毎日5時半になったら帰れるのでありがたかったです。最初の配属先はＳＰＣ*ファンド管理部で、主に、不動産会社、税理士、信託銀行とのやり取り

File 02

などを担当していました。仕事はルーティンワークでしたので、慣れると、余裕が出てきました。そうこうしているうちに、私募ＲＥＩＴ*部門を新しく立ち上げる際に、経営陣に声をかけられて、ＲＥＩＴ財務経理部に配属されました。

＊ＳＰＣ……Special Purpose Company（特別目的会社）の略。特定された事業のため（だけ）に設立された法人のこと。

＊ＲＥＩＴ……Real Estate Investment Trust の略で不動産投資信託のこと。

■やはり会計士としてのスキルや経験が生きていますね。

ＲＥＩＴ財務経理部では、バックオフィス部では経験できなかった大手監査法人や税理士法人、四大弁護士事務所の対応もすることができました。また、経理代行をしてくださる信託銀行も大手で、従業員の方も厳しく、優秀で、非常に緊張感がありました。一方で、財務経理部や投資運用部のメンバーに信頼されているという感覚もつかむことができ、やる気に満ちていました。新規立ち上げ部門ということもあり、知らないことも多く、仕事量は多かったですが、終電までには帰れる生活でした。

■それから大手監査法人に再就職されていますが、どのような心境の変化があったのでしょうか？

初年度を終え、今後のキャリアを考えたときに、このままずっとこの会社で不動産業務だけに専念していてよいのだろうか、ちょっと物足りないかな、と思い始めました。そのような中、家族の体調不良により、実家のある大阪に帰らないといけないことがありました。その時専門学校時代の友人と会う機会があり、その旨を伝えたところ、大手監査法人の大阪事務所で中途採用がされているというのを教えてくれました。そこで、もう一度監査を頑張ってみようかと思い、大阪に帰って大手監査法人に就職することにしました。

■監査法人へ再就職する以外の道は考えましたか？

実はその時、もう一つ選択肢があって、コンサルティング会社Bで、よかったら転職しないかというお声がけをいただきました。将来独立することを考えると、監査以外の別のスキルを習得できるコンサルティング会社かと思い、この会社に転職するか相当悩みました。

File 02

■監査法人に戻ろうと思った理由は何ですか？

家族のことを考えると、安定していることと、会計士を目指すときに、親に学費を出してもらう代わりに、「その資格を取った後には独立する」という約束を思い出したんです。でも独立するにはまだ自信がありませんでしたし、前の監査法人ではインチャージ*の経験なく辞めているので、上場企業のインチャージまでは経験したいと考えました。

*インチャージ……監査チーム内での役割の一つ。マネージャが担当する現場責任者もしくはシニアスタッフが担当する現場監督を指すことが多い（地域や法人により異なる）。本稿の場合は後者を指す。

■今回の監査法人ではどのような仕事をされていましたか？

入った部署は規模の大きい上場企業の案件ばかりを扱っていました。これまで買収して多角化しているエネルギー企業、地方銀行などをメインに担当していたので、今までの知識が全く役に立たず、苦戦しました。前の監査法人よりも5倍ぐらいしんどかったです。

■今回も苦労されたようですが、どのようにしてメンタルを保っていましたか？

中途だったので同期もいないし、出張も多く、業務も自分にとっては経験もなく困難なことも多くあったので、「やっぱり、この仕事も無理かもしれない。」と思う時期もありました。ですが、困っていたら助けてくれる人がいることに気が付きました。会計士って自分で解決しなければならないというプライドが邪魔をして、助けを求めることを躊躇する人が多いと思います。そんな時に、信頼できる人たちに弱音を吐いてみるとか、自分がこうしたい、ということを伝えてみると、全員ではないですが助けてくれる人が必ずいます。そういう点で、この監査法人では周りに恵まれていたと思います。

■監査法人でしておいたほうがよい業務内容はありますか？

持っておいた方がよいスキルとしては、全部の勘定科目を一通り監査できるということだと思います。できれば上場企業で連結のある企業を担当するのが望ましいですね。製造業や卸売業などのオーソドックスな業界の監査を担当した方がよいと思います。また、取締役会議事録、監査役会議事録や経営会議議事録などの会社の重要書類はぜひ見てほしいと思います。内部統制監査では、多種多様な業種、地域の会社や工場に訪問することができ、そこでのヒアリング内容や実際に目にする光景は本当に貴重です。個人的には、銀行や信用金庫の監査経験も独立してから役に立っています。このような経験ができることは監査の醍醐味だと思います。

■監査法人勤務の後、どのようなキャリアを描かれたのでしょうか?

監査法人にいるなら、シニア海外派遣に応募するか、アドバイザリー部門へ異動を願い出るかで迷いました。ですが、独立開業についてもう一度、考え始めました。正直なところ、上場企業のインチャージがひとつの自身の目標でもありましたので、それは達成できていました。そのように考えてからは、監査法人に勤務しながら、独立している会計士のコミュニティや勉強会、会計士協会のイベントに参加し、たくさんの人からヒントを得ることを心がけていました。

■その時大学院に進学されていますが、どのように決断されたのですか？

某イベントで出会った経営者の方が、京都大学経営管理大学院に通っておられ、その大学院の教授を紹介していただく機会がありました。そして、説明会に参加して、話を聞いているうちに興味が湧いてきました。出張や財務デューデリジェンス*の業務が入っている時期でしたが、翌年に入学しようと決めましたので、業務の合間に研究計画書や願書の準備をすることにしました。公認会計士資格があったからこそ、仕事を辞めて大学院に行ったとしても、なんとかなるという自信がありました。結局、パートナーやマネージャのご厚意で、通学しながら非常勤勤務を継続することができ、あの時のことは感謝しきれません。

*デューデリジェンス（DD、デューデリとも）……投資や買収の際に、買い手企業が売り手企業を調査することを指し、財務デューデリジェンスの場合は、財務・会計面を調査するプロセスをいう。ほかに法務デューデリジェンスや事業デューデリジェンス等がある。

■大学院ではどのような内容の研究をされていたのですか？

「ベンチャーエコシステム」です。指導教官の教授は、英語で授業をしていましたし、外国人留学生もたくさんいました。私は、「起業における公認会計士の役割」を研究しました。海外と日本の会計士の文献などの比較をして、具体的には、ベンチャーエコシステムに関わる会計士10人にインタビューをしに行きました。それを通じて、私の夢だったスタートアップ支援の気持ちというものが盛り上がってきた気がします。

■大学院卒業後のキャリアを教えてください。

大学院在学中から、スタートアップ関係者との交流をしていたことをきっかけに、大学等の研究成果を利用したスタートアップの経理財務コンサルティングに従事することになりました。主に、医学、創薬、工学などのスタートアップに対して、ベンチャーキャピタルや金融機関の資金調達支援、管理体制を構築するバックオフィス支援をしています。創業前後からアドバイスに乗り、経営者とともに会社を成長させていくことを考えています。

■ベンチャーへのコンサルティングは具体的にどのような業務を行うのでしょうか？

創業間もない会社にはほとんど何もないので、会計ソフトのセッティングや資料の整理も行いつつ、バックオフィスに関するあらゆる作業とアドバイスを行います。また、資金調達を行う際には、資本政策、中期もしくはＥＸＩＴまでの事業計画及びキャッシュフローの作成を代行しています。ストックオプション発行や新株発行の際は、株主や弁護士ともやり取りします。また、研究開発型の医学工学系ですと、公的機関からの補助金も発生するので、その提出書類作成や事務管理もお手伝いします。私自身が取締役会や株主総会に出て、財務報告や意見を述べることもあります。さらに、バックオフィス内製化に向けての人材採用時の履歴書チェックや面接同席もあります。公認会計士のライセンスを持っている人が、第三者的目線で数字的な根拠を持ってアドバイスしてくれたり、手を動かしてくれることが、クライアントにとってはありがたいことなのだと思います。

File 02

■現在、ベンチャーのコンサルのほか、どのような仕事をされていますか？

京都府や関連団体から構成される「ジャパン・ハッカソン実行委員会」の監事に就任し、行政の方々とのお仕事を経験することができました。また、2023年3月まで、東京のIPO準備会社で常勤監査役に就任していました。しかし、監査役として特定の組織に多く関与するより、多数のクライアントに貢献するために、事務所経営に力を入れてみたいと考えました。現在は、法人設立中で、スタートアップカンファレンスでイベント開催をしたり、新しい取り組みもしています。また、監査法人で非常勤スタッフとしても働いています。

■独立後に監査法人の非常勤をする人は本当に多いですよね。

それが公認会計士が独立したときの強みなのかなと思います。監査法人で安定的な収入を得ながら、自分のクライアントを増やすように努力できます。監査に行くと、スタートアップでは経験できない上場企業監査、そして最新の会計基準や、監査環境の状況を教えていただけるので、独立した後でもそのような横のつながりは大切だと思います。

■独立して、年収やプライベートとのバランスはどのようになりましたか？

監査法人勤務時と比べ、労働時間は減りましたが、年収は上がりました。時差があるミーティングは日本時間の夜中や早朝にセッティングされることもありますし、締め切りが迫っているときには、休日に作業をすることもあります。その分、平日に一息つくこともありますし、仕事が落ち着くときに休暇を入れて海外渡航することもできます。自由に自分のスケジュールを組めることが大きなメリットだと感じています。

■今後どのような将来像を描かれていますか？

京都の大学発ベンチャーやスタートアップの業界の方の多くは、海外目線を持っておられます。特に、医学系や創薬スタートアップは、多額の研究開発費用が必要な上に成否が不透明なため、リスクマネーの供給が豊富なアメリカへ進出したい経営者が多いです。なので、海外の投資家からの資金調達はやってみたいですし、現地の公認会計士とも協力しながら、クライアントの海外進出の手助けをしたいと思っています。現在ではリモートワークが当たり前になっ

File 02

てきているので、日本にいても海外の人とつながることは容易になりました。また、京都府では経営管理ビザ、スタートアップビザを推奨しており、外国人起業家支援サービスも検討しています。大学院にいるときに、外国人の同級生から相談を受けたり、海外からの知人を京都に案内した経験もあり、日本や京都に魅力を感じ、移住・起業したい人たちを支援したいと考えています。現在はそういった経験がある弁護士さんとも協力して、サービス提供をしていくことも計画しています。さらに、事務所や設立する法人が軌道に乗ってきたら、医学、創薬系の会社で社外役員にも就任してみたいです。

■今は女性の社外役員就任へのニーズが高まってきていますね。

ただ、社外役員の年齢は、若くて40代後半、通常は50代なので、現在はその年代の女性会計士は少ないとしても、私と同年代の女性が10年後に40代、50代となっていくと、候補となる女性も増えていくと思います。

■将来像を描くうえで、どれぐらい緻密に計画されていますか？

公認会計士受験生のときに、目標リストみたいなものを作って、そこにベンチャー支援とか海外との仕事とかは書いていていましたね。でも、まずは人との出会いを大切にし、いろいろ話を聞くことが重要だと思います。スタンフォード大学のクランボルツ教授の著書によると、結局キャリアを計画しても、2割が計画で8割が偶然と書いてあります。私の海外欲でいえば、大学院にいるときから海外のスタートアップ関連の授業やゼミを受けたり、海外を拠点とする経営者投資家と話をしたりするなど、ずっとアンテナを張っているので、そちらの方向に向かっているのかもしれません。

■興味がある分野でキャリアが形成されているということですね。

私は何が向いてないっていうこともわかっているので、結構削ぎ落としを行っています。引き算の思考です。独立するのに大事なのは引き算です。プラスの思考ですと、従業員を雇って拡大していこうという感じだと思いますが、どっちかと言うと、自分にとってちょうどよい成

File 02

功、居心地のよい快適な成功とは何だろうと自問しています。

■最近、若い公認会計士が疲弊していて将来像を描けない人も多くいると聞きますが、どう思いますか？

私は、監査法人で長く働きながら、いつの間にかパートナーになるという道も、それはそれでよいかと思います。監査は単調作業に思われがちですが、本当に単調作業なのかというところは問いかけてほしいです。私は監査が面白くないと思ったことはありませんでした。会社の人とコミュニケーションを取ったり、ヒアリングを行っていても、何でも情報を話してくれる仕事は、この世の中にはそんなにないと思っています。20代という年齢で、向こうからしたら小娘が、みたいな感じだったと思います。やはり対等な立場で話ができるというのは、本当に資格のありがたみだと思うので、もっと公認会計士の資格の重みを知ってほしいと思います。

■若いうちからこのような経験ができる仕事は中々ないと思います。

あとは、何でも挑戦してみてほしいです。私がＭＢＡに行くと決めたときは、「今更大学院に行ってどうするの？」と言う人は結構多かったのですが、今の時代、年齢関係なしに何でもトライという考え方が受容されつつありますので、興味のある分野を新たに学ぶこともよいと思います。新たに学ぶとキャリアの幅も広がるので、「将来どうなるかわからないけど、自分の想いのままに働きたい」と考えている人には、とてもよい職業だと思います。

File 02

File 03

【IPO】

共に登る、IPOの階段

Kotani Shinichi

小谷 晋一

[経歴]

① 大学在学中にファッション系の専門学校へ通う
② 卒業後フリーターとして働く
③ 公認会計士を目指す
④ 合格後、大手監査法人に入所
⑤ 15年ほど監査法人に勤務
⑥ 退所後、IPO支援等をメインに行う個人事務所の代表に就任

■大学時代に打ち込んだことがあれば教えてください。

在学中から公認会計士を目指す方であれば、ダブルスクールとして専門学校に通うと思いますが、私はファッションの専門学校に通っていました。また、学費や生活費を稼ぐために、平日は夜間の専門学校の後に深夜アルバイト、土日や長期休暇も短期アルバイトに費やしました。

■充実しすぎている大学生活ですね。

この生活に没頭しすぎてしまい、1、2回生の単位が全然取得できていませんでした。3回生の春から毎日大学に通っていたために就職活動をする暇はありませんでしたが、これも自己責任です。そして、何とか無事に同級生と共に卒業式に出席することができましたが、4月から彼らは社会人、私はフリーターです。

■そこから公認会計士を目指されたきっかけを教えてください。

生計を立てるため、唯一継続していた物流倉庫の深夜アルバイトを続けました。その後、公

File 03

務員試験やＣＦＰの資格を取得したりしましたが、どれも長く続けたいと感じるものではありませんでした。この生活が続き、「自己責任」という言葉の重みを感じ始めたころ、たまたま知り合いが勉強していたことで公認会計士という資格を知り、人生を挽回するツールになると確信し受験を決意しました。

■難関資格ということもあり、躊躇はありませんでしたか？

新しいことにチャレンジする好奇心が強く、失敗するリスクは考えてなかったですね。追い込まれる状況も、過去の経験から自信がありましたし、躊躇しても人生変わらないので（笑）。むしろ、アルバイトも辞めて2年間勉強に専念するつもりだったので、資金繰りのほうが懸念でしたが、当時付き合っていた今の妻が、いざとなったら支援すると言ってくれたので、専念できました。合格までの約3年間、毎日朝8時から夜9時ぐらいまで勉強しました。遊んだ記憶がほとんどないですが、人生賭けていたせいか、苦痛ではなかったですね。

■監査法人でのキャリアについて教えてください。

２００６年に合格後、同年12月に大手監査法人の大阪事務所に入所しました。私は当時29歳、同期は大学卒業後間もない20代前半の世代が多かったです。

大阪事務所には7年半所属し、そこからマネージャに昇格するタイミングで京都事務所に大型の新規受嘱案件がありましたので、その担当として異動しました。ちょうどマンネリ化していたころに、職位、クライアント、前任監査人、チームメンバー、事務所、全てが新しい環境で仕事する機会をいただけて充実していました。監査法人本部も京都エリアに注力し、事務所の規模も拡大する方針だったので、監査業務以外の事業開発や事務所運営を任されたのは、非常に良い経験でした。

■退職されたのはいつごろでしょうか?

京都事務所でマネージャを5年、シニアマネージャを2年務めて、２０２１年6月末に退職しています。異動当時の京都事務所は20名程度でしたが、この時には50名程度の組織に成長していましたので、共に成長できたと感じています。

■大手監査法人時代は、順風満帆なキャリアのように思えます。

決して愛想が良いわけではなく、どちらかといえば少し尖っていたので、あまり好かれるタイプではないと思うのですが、本当に懐の広いパートナーや上司に恵まれました。経歴や年齢的に絡みやすかったのかもしれませんし、私も気兼ねなく発言していましたので、ストレスなく業務ができました。

■パートナーや上司からどのような学びや教えがありましたか?

パートナーなど経験豊富な方の講話や武勇伝は話が長い方も多いですが、年次が近い先輩の忙しさのマウント話よりも参考になりますので、一緒に飲みに行くなど話を伺う機会を多くいただけたことに感謝しています。その中でも実践できたもの、というか自分の公認会計士としてのキャリア形成において最も意識していたのが、「会計バカになるな」という教えでした。

■会計バカとは印象的な言葉ですね。

この言葉は入社した初月にランチをご一緒したパートナーに言われたのですが、会計を仕事にするスタート地点でしたのでとても印象的でした。会計の専門知識だけに依存しすぎるのではなく、相手の立場を理解し、会計以外の知見や人間力を磨くことが大切だと。最終的には人と人との信頼関係が企業経営を支えている、というこの教えは、私が専門家として成長する上での大きな指針となり、ビジネス全体を俯瞰しながらコミュニケーションを大切にする姿勢を心掛けるようになりました。

■大手監査法人時代で特にやりがいのあった業務を教えてください。

法人運営業務では事業推進、監査関連業務では新規受嘱ですかね。特に事業推進はこれまでは主にパートナーの担当業務でしたが、お声がけいただき、その後も手を挙げることでさまざまな業務を担当できました。マネージャで関与していたのは京都では私だけ、大阪でも2、3名だったと思いますので、本当に貴重な経験でした。とはいえ、兼務ですので、監査クライアントの担当数はほかのマネージャと変わりませんし、当時は評価上の考慮や明確な基準もなかったと思いますが、多くの学びや出会いがあり、負担よりもやりがいが優っていましたので楽しかったですね。

■事業推進（営業）といっても領域は広いですよね。

私が担当していた事業推進もいくつか種類があり、京都エリアにおける同法人のプレゼンス向上に向けた活動、他法人のクライアントに対するアドバイザリー業務の提案や監査人交代等のアプローチ、ＩＰＯ新規案件の開拓等です。一つ目の京都エリアにおける全般的な活動は、上場企業担当者向けのセミナー開催から始まり、大学でのイベント開催や協賛企画、官公庁との包括協定契約などを担当しました。特にＩＰＯ新規案件の開拓は独立にもつながる天職でしたね。

一方で、他法人クライアントへのアプローチは全く向いてなかったです。成果も全くなかったかなと。ターゲットが大手の上場企業になるため、パートナーを筆頭にコンサルティングファーム所属のメンバー等を含めたチーム戦自体が自分には窮屈で、予定伺いや調整にも相当気を使うなど、間接業務の負担も大きかったですね。

■IPO営業という点で、具体的な活動を教えてください。

当時、京都事務所ではIPO営業を担当していた人がいなかったので、営業基盤はゼロでした。担当は私一人でしたが、事務所長からは「自由にやっていいよ」と言われ、これをチャンスと捉え、自分で基盤を築くことにしました。まずは、IPO業界における支援者側とのネットワークを構築し、IPOに向けた監査法人の選定がすぐに必要な先を紹介してもらうようにしました。また、アーリーステージ*の会社とも早めに接点を持ち、将来に向けて密にサポートすることで、長期的かつ良好な関係を築くことを目指しました。とにかく人に会わないと始まらないので、関西一円で開催される関連イベントは、可能なかぎり全て参加するようにしました。

*アーリーステージ……IPOにおけるステップの呼称の一つ。概ね上場時点から遡って3期前以前を指す。

File 03

■監査で多忙な中で活動されたのですよね？

日中は監査業務のため、夕方以降や土日に参加することが多かったですが、テクノロジーやビジネスモデルなど、何かしら興味のあるテーマで、楽しみながら活動していました。時には自腹でチケットを購入し、有給を使って東京のスタートアップイベントなどにも参加していました。半分趣味のようなものです。

■早く成果を上げるようなプレッシャーなどなかったのですか？

なかった、若しくは感じませんでしたね。監査法人の収益構造やリスクマネジメントから上場企業の監査業務がメインであり、ＩＰＯやアドバイザリー業務に十分なリソースを割くことはできないため、手当たり次第に案件を獲得することは考えていませんでした。業界における京都事務所のプレゼンス向上も見据えて、対外的な活動を継続することでネットワークを構築すること、そこから本部が納得する優良案件の紹介や依頼がくる仕組みを構築することを考えていました。基本的には他力本願の長期戦です。一方、面識を持った社長や会社のフォローもできる限り行なっていたので、想定より早く受注成果は上がりましたが、潜在顧客側からのプレッシャーはありましたね。

■顧客側のプレッシャーとはどのようなものですか？

会社訪問や社長面談を繰り返すと距離感も縮まり一定の信頼性を得ることができます。中には他法人とのコンペを行わずに直接指名をいただくこともありますが、受嘱には審査やキャパシティーの問題もあり、必ずしも受注できるものでもありません。とても好感を持っていただき一つの法人に絞って選定を検討いただくのはありがたいですが、受嘱不可になると予定が遅延し、最悪の場合は上場する期をずらさないといけなくなることもあります。受嘱不可となった場合にお詫びに行くのは大変つらいものがありました。

■楽しいことばかりではないのですね。ほかに苦労したことなどありますか？

一番苦労したのは、イベントや交流会に参加して人と会話することですね。全然信じてもら

File 03

えませんが、私は本来とても人見知りでして、自発的なコミュニケーションも苦手なタイプです。イベント登壇後の社長に名刺交換に行くのも、来場している方に話しかけるのも、初めのうちはほとんどできなかったですね。端っこの方で棒立ちです。挨拶ができたとしても、まだまだIPOは遠い先の会社からすると、監査法人の理解もなく、また付き合う事業上のメリットもないので、全く興味がなく反応も悪いのは凹みましたね。

■どのように対処されていましたか？

監査クライアントのような先生的扱いは期待もできませんし、「会計バカ」では道は開けません。そのため、何かしら情報提供できるよう会話ネタの収集として、業界知識の吸収には貪欲に努めたのを覚えています。

■監査法人在籍者が外部者と会計監査以外の領域でビジネストークをする機会って確かにあまりないですね。

法人内でもランチや飲み会のときまで監査周辺の話題とかになりますからね。それが事業開発の面白いところだと思います。当時イベントに参加されている方は、いち早く将来の優良企業を発掘されようとしている、銀行、ベンチャーキャピタル、証券会社、印刷会社などの営業ポジションが多く、監査法人所属の会計士が来ていることが珍しかったです。挨拶したころは大手法人のマネージャが気まぐれで参加してきたぐらいにしか思われずに、そこまで歓迎されていなかったかもしれませんが、同じ定期イベントにめげずに毎回参加し続けることでしだいに距離が縮まり、どんどん輪が広がっていきました。同じ業界の仲間なので直接的なメリットや損得考えずに紹介し合う感じで。

■大手監査法人を退職したきっかけを教えてください。

隣の芝生が青く見えたことでしょうか、自分の芝生を青くするのは自分でやらないといけな

File 03

いなと、「自己責任」のキーワードを再度意識することがあったのが、数あるきっかけの一つです。公認会計士になるまでの自分の人生に対するスタンスやキャリアを考えると、14年半も同じ法人によく居たなと自分を褒めるとともに、よく居させてくれたな、と当時のパートナーの皆さまには感謝しかないです。それでも、リスクを負って起業する経営者の姿や、サラリーマンとしての生き方を後悔する愚痴、専門家として企業側に入り込むことで価値提供できる余地などを知るにつれて、自分がすべき仕事を自分で判断して決めたい、との思いが強くなったのだと思います。

■大手監査法人のシニアマネージャを辞めるのも勇気がいります。

とはいえ、万が一出戻りを希望する場合は退職時のポジションで戻すと約束してくれたパートナーの言葉は最高の保険として持っています。

■現在の事業内容について教えてください。

現在は、ＩＰＯ支援、内部監査や経理業務等のＢＰＯ[*]サービス、人材紹介等を提供する合同会社、スタートアップのファイナンスや税務、上場企業の開示等を支援する個人事務所の両代表をしています。また、上場会社や上場準備会社の社外取締役や監査役に就任しています。役員を含む関与先全体ではＩＰＯ関連業務が7割程度を占めると思います。

＊ＢＰＯ……Business Process Outsourcing の略。会社の業務を外注に出すこと。

■ＩＰＯ分野での独立は不安定に感じて踏み切れない人も多いように思います。

確かにＪ－ＳＯＸ文書化支援やＩの部作成支援などの案件は成果物を納品する業務が一般的なので、一時的なスポット案件かつ受嘱活動を継続しないといけないと思うと、不安定に感じるのかもしれません。なので、成果物や期限のあるスポット案件の契約はせず、月額＋従量課金での包括支援として契約し、毎年自動更新しています。包括支援のため、業務内容は証券会社や監査法人の課題対応から各種資料の作成補助まで業務範囲は広く、複数の会社を同時に顧問することになりますが、上場準備のスケジュールを把握していれば、繁忙期はある程度分散させることはできますし、仮に作業が集中したとしても追加時間は請求できますので、信頼できる再委託先と協働することで対応できると思います。

■独立前からどの程度考えて準備していたのでしょうか？

独立のために準備していたとは言い難いですが、同じ働くなら対外的に価値のある経験やスキルが身に付く仕事を優先しようという考えはありました。特にマネージャ以降は監査ツールを触っているだけの時間は苦痛で、焦りもありました。外部とのコミュニケーションには会計以外の上場準備論点の方が話は広がりますし、教科書的では実務での生きた知識を得るため、IPOクライアントの主幹事証券会社との定例ミーティングは同席希望を伝えてできるだけ参加させてもらっていました。東証や証券会社の方ともお付き合いして勉強会なども参加しました。そのような経験ができたからこそ、単なる会計領域を超える包括的な支援に行き着いたのだと思います。

■立ち上げ時の顧客開拓なども収入的な不安があるように思いますが、いかがでしょうか？

私の場合は対外的な関係構築ができていましたので、とても恵まれた環境にありました。立ち上げ前のざっくりした計画では、初年度は前職同額、2年目でその倍、その先3倍以上も目指すなら人材採用が必要かな、くらいの感覚でした。外部には退職2カ月前の5月から挨拶を始めましたが、同時にご依頼やご紹介をいただき、立ち上げ時から目標を達成できました。

■監査法人時代に構築した関係性が役に立ったということですね。

事業立ち上げに際して、退職の挨拶しかしていないので、役に立つどころかそれが全てですね。私が担当していた営業先や新規受嘱したクライアントの社長からのオファーや、業界関係者からのご依頼など、皆さまに支えていただきました。そのほかにも、監査法人時代に平日の夜や土日にスタートアップの社長と事業の壁打ちやファイナンスの相談をボランティアで何社かやっていたのですが、退職に伴い有料契約の提案をいただいたのは嬉しかったですね。皆さん今でも継続契約先です。

File 03

■ＩＰＯやスタートアップを包括的にサポートする事業について教えてください。

クライアントの状況や希望に応じて柔軟にサポート内容を設計することを包括的と定義しています。スタートアップでも老舗のオーナー企業でも共通する課題は多くあります。中期経営計画や成長シナリオの策定、組織設計、職務分掌、人材採用、予実管理、財務戦略、税務、法務などの課題につき、月額顧問として助言や紹介などによる支援を行い、ＩＰＯ特有のドキュメント作成等の作業支援についても追加チャージで対応しています。会社側のメンバーとしての立ち位置で寄り添い、協働や指導等により会社側の底上げも図りながら、不足するリソース等は外部士業等にも参画いただいています。

■ＩＰＯ準備は会計士に適性があるといわれますが、監査経験なども活かせるものでしょうか？

ＩＰＯの準備期間というのは、株式上場に向けたガバナンス等の強化として、大学受験を控えた学生の成長過程のようなものです。たとえば、在庫の継続記録や棚卸ができていない会社、原価計算制度を導入していない会社、収益認識基準を適用していない会社、などが多くありますので、専門的なスキルとしても適性があるでしょうし、指摘の本質を理解して課題を解決する力、対外的な説明資料の理論的な構成力や説明力なども活きると思います。

■社外役員についてはどうでしょうか？

社外役員の就任先についいては、ほとんどが元々社長又は役員とつながりのあった会社からお声がけいただいたのが経緯です。社外役員はその職責に応じた時間の確保の観点から、兼務可能な上限数が話題になりますが、個人的には形式的な数にのみ着目するものではないと思っています。時には社長や業務執行役員に厳しい意見も言わないといけない立場ですので、1社に対する収入的な依存度が高い等の理由により発言を忖度するなどのことがあれば本末転倒ですので、自分が主体的に日程調整できる業務をどの程度確保するかどうかのバランスの問題だと思っています。

File 03

■今後展開したいビジネスについて教えてください。

たくさんあるので絞るのが難しいですが、立ち上げ時に計画したもののあまり進められていないものが優先ですかね。スタートアップや上場準備企業での高い離職率や急成長に伴う人材に対するニーズの高さを感じていたので、会社の設立時に有料職業紹介事業の認可を取得していますが、役員就任先でのボランティアによる紹介のみで、事業としては本格的に着手できていません。関西での業界の給与水準は東京に比べると低く、仲間内でのボランティア紹介で済ませる場合も多いため、有償のビジネスとして行うことで紹介する方もされる方も責任感や意識を高めて、レベルの高い人材が関西にも流れてくるようにしたいですね。あとは老後を見据えて、今の属人性の高いビジネスモデルからアシスタント等でも活躍できるアウトソーシングや安定的な基盤としての税務も少しずつ積み重ねて行きたいなと思っています。

File
03

コラム COLUMN

公認会計士の独立開業あるある

独立当初は元請けの仕事が少ないので、監査法人の非常勤職員として働くことも多く、日程のほとんどが非常勤の仕事で埋まる。その結果、常勤職員とあまり変わらない勤務状態となり、独立とは？　となる。

日程のほとんどを非常勤の仕事で埋めてしまっても、1日当たり6万円前後という十分すぎるくらいの収入を得ることができてしまうので、良い意味でも悪い意味でも生活には困らない。

人脈を広げようと、さまざまな団体の集まりや会務に参加する。そして、そこで知り合った人から、またほかの集まりに誘われるので、損益計算書の諸会費と交際費が膨れ上がる。

団体の集まりや会務に参加しすぎて、それが本業かのように錯覚してしまう。

多くの団体の集まりや会務に参加するも、それを売上に繋げるのは非常に難易度が高いことにほどなくして気づく。

会務や会合には懇親会がつきものであり、2次会3次会も当然のようにセッティングされるため、都度生真面目に食べていると確実に太る。

一人で独立すると、時間もお金も自由である一方で、ふとした時に寂しさに襲われる。監査部屋で同僚と馬鹿話をした過去が懐かしくなる。

自分自身の帳簿付けや確定申告をはじめとした事務作業がこんなに大変なのかと気づき、監査法人のアドミスタッフに感謝の念が芽生える。

【監査】

File 04

監査一筋の情熱

Hashimoto Tamiko

橋本 民子

[経歴]

① 大手監査法人へ入所
② 結婚・出産をし、育休を取得する
③ 入所７年目マネージャ昇格
④ 入所９年目シニアマネージャ昇格
⑤ 入所15年目ディレクター昇格
⑥ 入所18年目所属監査法人初の女性パートナー登用

■公認会計士を目指されたきっかけは何ですか？

大学時代は栄養士の勉強をしていました。管理栄養士の資格も取得しましたので公認会計士とは全く違った道を歩んでいました。

私が大学を卒業した１９９５年はバブル景気が崩壊し、就職氷河期といわれた就職難の時代です。女性の就職は特に厳しい状況でした。このままではどうなるのだろうかと、この時初めて就職や職業に関して真剣に考えました。

■資格という中で公認会計士を選択されたのはどういう思いだったのでしょうか？

女性の就職が本当にない中で、〝何とか生きていかないと！〟と初めて思いました。何の資格を取ったら食べていけるだろうということが選択の根幹にありました。弁護士という資格も調べていましたが、試験科目が難しく感じました。理系で、管理栄養士の方向に進んでおり、もともと英語のような科目よりも計算科目が得意でしたので、公認会計士の資格の方が取得しやすいのではないかという安易な考えで公認会計士を目指すことにしました。

File 04

■大学をご卒業されてから資格取得の勉強をされたということでしょうか？

そうです。卒業後の5月に管理栄養士の国家試験がありましたので、厳密にはその後本格的に公認会計士試験の勉強を開始しました。とにかく3年間と決めてスタートしました。3年ほど勉強した結果、無事に公認会計士試験に合格し監査法人に就職をしました。

■現在監査法人ではどのような業務をなされていますか？

上場・上場準備会社・会社法等の法定監査、金融機関・製造業・サービス業等と幅広い会社に関与しています。

■監査法人は、監査だけでなくコンサルティングや税務など非監査業務をする機会も多いかと思いますが、入社してどのような業務に携わってこられましたか？

私は入社後、一貫して監査部門です。

■監査以外の業務に興味を持たれることはなかったということですか？

監査以外の業務に手を出す時間がなかったということかもしれません。私は、入社３年目で出産し育児をしながらの勤務になりましたので、同僚が海外に転勤したり、企業に出向したりということをしているのを横目に、私自身は、とてもそのようなことに取り組む余裕がなかったのです。当時、子どもを産んだ後に、どうやって働いていくのかがメインテーマでした。

■所属されているＰｗＣ京都監査法人の初めての女性パートナーということですが、前例がなくご苦労されたことはありますか？

今は当たり前となっていますが、育児休暇を取ったのは、ＰｗＣあらた有限責任監査法人と統合してＰｗＣ Ｊａｐａｎ有限責任監査法人となる前のＰｗＣ京都監査法人では私が初めてでした。制度自体はあったのですが、まだ使った方はいませんでしたので、法人も手探りで運用していました。

File 04

■制度が根付いていなかったですね。

結婚したら退職する、もしくは子どもができたら退職するみたいな時代でした。その中で、私は5カ月の育児休暇を取って復帰することにしました。息子はゼロ歳児で保育園に預けることにしました。

■5カ月で復帰というのはなかなか大変だったと想像します。

時短というのも当時はあまり一般的でなかったので、私はフルタイムで仕事をしましたし、在宅勤務やリモートワークというのも当時はありませんでしたから正直大変でした。そんな中、法人の先輩が本当によくフォローしてくださいました。育児をしながら勤務という事例が少ない中、周りの方々が理解を示してくれて本当に恵まれた環境だったと思います。

■現在の生活スタイルはどうですか？

息子も20歳になり大学生ですので手がかからなくなりました。とにかく出張は多いですね。

海外出張も多いですし東京は週2回ほど出かけています。私の夫も公認会計士をしており仕事に理解があります。家事は完全に折半で、お互いが決められたことをやるっていう感じです。

■旦那様も公認会計士なのですね。職場で出会われたのでしょうか?

公認会計士の受験時代に専門学校で知り合いました。

■公認会計士同士の夫婦は多い印象ですね。

そうですね。やはり公認会計士を目指して専門学校で勉強し、合格後は監査法人で忙しく働く業界なのでおのずと出会いが同業者になるのかもしれません。

■監査法人に入られてパートナーになられるまでどのような仕事ぶりでしたか?

思い起こせばなかなか大変でした。

何をしていたのか記憶がないっていうぐらい忙しかったです。私は、母親としても子育てを

File 04

とことんやりたいという気持ちがあったので、結構欲張っていろんなことをしたかなと思っています。

今となっては、もう少し距離感があってもよかったかなとは反省はしています。息子に私立の小学校受験をさせるなんていうこともしました。私立の小学校に入学できたのはよかったのですが、私は毎朝4時半に起床してお弁当を作って、7時半に小学校のある宝塚市まで自宅のある大阪市から子どもを送り届け、9時15分に京都市まで通勤し、結構遅くまで勤務し翌朝また4時半に起きるという繰り返しの毎日でした。

仕事、子育てを両立する上で時間というのは、もちろん確保しないといけない。そうすると自分の時間は睡眠も含めて削りまくりました。

■大変な様子が想像できます。

正直言って体は強かったので、特に体調が悪くなることはなかったです。私は何をやっても力尽きないというか。それだけは本当に両親からの贈り物だなと思っていて、どうして倒れないのだろうといつも思っていました。ただ仕事がすごく楽しかったです。毎日クライアント様に会えるというのが今でも変わらず好きなことです。

■いい職業に出会ったということでしょうか？

本当にいい仕事だと思います。今思えば大変でしたけど、女性としてやりたいことは全てやることができました。

■辞めようかと考えられることはなかったですか？

仕事はすごく楽しかったのでそれはありませんでした。また、女性会計士の活躍が求められる中で、事務所内で女性である私への期待感をすごく感じていました。

■監査法人のパートナーは皆がなれるわけではなくハードルが高いと思いますが順調にパートナーになられたのでしょうか?

私がパートナーになったのは２０１６年で入社後18年です。同期と比べるとずいぶん遅かったです。

■パートナーに選出されたポイントは何だと考えられますか?

まずは、女性の公認会計士として法人内ではパイオニアであったというのが大きいと思います。先ほどお話したように育児休暇を取得した第一号も私ですから。あと、監査現場に居続けたこと。法人の間接部門も非常に女性が能力を発揮しやすい場所だと思います。私は育児をしながらですが、とにかく監査現場が好きで居続けました。この監査フィールドでの女性というのが稀有だったというのはあったのかなと思います。

■スタッフの時期は女性もずいぶん働きやすい環境が監査法人にもできてきているように思いますが、管理職であるマネージャになられた女性が結構仕事が厳しいなとおっしゃっていたり、そこで辞められたりというのもお見かけしますが、そのあたりどのように感じられていましたか？

一定の気持ちの強さみたいなものは必要だと思いました。私自身は気が強い方だと思います。男性の方に指示をして動いてもらってというところで、それを気持ちよく思わない方に対して引くわけにはいかないので、これは仕事なのでということでお願いすることは何回もありました。

■今やりたいことは実現できている感じでしょうか？

女性としてやりたいことは全てやってこれました。子育てもしっかりできましたし。公認会計士試験の試験勉強で監査論を勉強していたときに監査法人のパートナーとして上場企業の監査報告書に署名するサイナーにもなりたいと思っていましたが、それも実現しました。

File 04

やりたいことが全て現実になっているのかなというふうに感じています。

■将来に向けてお考えになられていることはありますか?

公認会計士として何ができるか? ということは常に考えています。今、上場準備(IPO)という仕事を受ける監査法人が減っています。

IPOを受けると、業務量が増えて嫌だなあと感じる人もいるでしょうし、監査法人の監査リスクもありますし。私はIPOという仕事は好きでやってきましたし、IPOという仕事を受けて実施することが社会への恩返しかなと思っています。

■IPOというと業務量も多く、さらにリスクの高い仕事です。

IPOの監査を受けてもらえず、困っている経営者がいるのは間違いないですし、社会の要望もある。困っている方々を目の前にしたときに、どのように法人として対応すればよいかというのは日々考えるところです。会計士として社会のお役に立てないかなという考えの中で、私個人としてはＩＰＯの監査を今後も少しずつさせていただきたいと思います。

■公認会計士の社会貢献、社会的意義という点に関してどのように思われますか？

私たちがやっている仕事というのは、社会に影響を及ぼしているものだと思います。だからこそ公認会計士という仕事は社会の中で絶対になくならないと私は思っています。たとえＡＩ化が進んだとしてもなくなりません。

■定年というのはまだまだ先ですが、これからも極めるという姿勢でしょうか？

定年というのは、今言われるまで考えたことがなかったです。60歳が定年ですが、子どももまだ学生ですので学費を出すためにも、その間はやるのだろうなと思います。ただ、本当に貢献できないと感じたら60歳を待つまでもなくいつでも辞めたいなというふうにも思っています。もうご迷惑をかけているとか、ちょっと自分は何にも役に立ててないかなと思ったら潔くやめたいなと、いつでも思っているタイプです。

File 04

■今の自分というのは想像したとおりの生き方をされていますか？

子どもを産んだときに30代はこういう感じで、40代はこれと決めていたことはあるので、それはそのとおりやったと思います。もともと30代は〝子育て〟、40代はギアチェンジして〝仕事〟とはっきり決めていました。もちろん子育てシフトのときも仕事はやりますけど、そのバランスを完全に変えていくということは意識してやりました。

■30代は〝仕事〟をしたいけど凄くガマンされたのではないですか？

正直30代はすごくガマンしました。仕事を思いっきりやりたかったです。でも、その時は〝三つ子の魂〟とか3歳までにとかいうじゃないですか。だから「今は子育てを」というふうに思ってやっていました。

■後輩たちに伝えたいことはありますか？

監査法人というところは、どちらかというと武骨で、ともすれば軍隊みたいに進んでいきそうな組織になるのですが、そこに優しさというか、柔らかさみたいなものを入れるという、これからはそういう時代になってくると思います。

だから頭がいいというのは皆さまそうなので、それよりもそういう感覚とか感性っていうのが優れている方が今後はすごく必要になってくると思いますし、そういう意味では女性はそのあたりが長けていると私は思っていますので、特に女性会計士にはぜひ頑張ってほしいなと思います。

■監査の楽しさについて教えていただけますか?

楽しいというのも映画を見ていて楽しいというのでは全然ない楽しさなのですが。私は、大企業のマネジメント（経営者）と話す場面が一番好きです。楽しくて、一方で苦しい、すごく勉強になる時間です。

これはスタッフ時代からやってきていることではあるのですが、特にパートナーとして会社のトップとお話させていただくのは、今までの集大成ですごく有意義です。マネジメントにも

File 04

会話して有意義な時間だったと感じてほしいと思っています。

■マネジメントへのご報告ということでしょうか？

もちろん、ここはチョット困りますという苦言を申し上げることも多いのですが、それを有意義と感じてもらえたら嬉しいです。

また、この有意義な報告のためには監査スタッフに報告のためのネタを集めてきてもらう必要があります。スタッフにネタを集めるようにマネジメントしていくのも醍醐味です。やはりそういう時が、この仕事の一番の凄みというか、面白さが詰まっているところかなというふうに思います。

とてもよくないことをお伝えすることも多いので、そういう時にどういうコミュニケーションをとればよいのかというところは、楽しいというのとはちょっと違うかもしれないですが、そこはやりがいというか、言わなければいけないことをどうお伝えするかということはすごく考えたりします。

■お天気の話といった当たり障りのない話もされますか？

もちろんそういう時もありますが、毎回それだと契約は続かないと思いますし、私としても期待に応えられていないという気持ちになります。何か有用なことを言わないと！　ということは毎回思います。原則は保証業務なのですが、〝財務諸表は適正でした〟ということだけでは付加価値は上がりませんし、そのあたりはすごく工夫します。

■マネージャとパートナーの違いについて感じられている部分はありますか？

基本的に監査現場が好きなので変わりません。ただ、一つ一つの監査はプロジェクトといえると思いますが、このプロジェクトをやり切るという気持ちがさらに強くなったという気はします。

マネージャのときから勿論あったのですが、監査をやった結果で良い結論ではないこともあるじゃないですか。それに対するストレスというか、プレッシャーはパートナーのほうが大きいです。

File 04

一生懸命やった監査の結果が、〝適正意見〟ではないとか、監査の結論が出ず、監査報告書の日付を伸ばさなければならない結果になったとかいう場合、とても嫌ですが、そんな時も何とか終わらせなければ！　という気持ちになります。

■やはり監査法人のパートナーというのは憧れです。

会計も監査も日々どんどん変わっていきます。どんどん新しい知識の吸収が必要です。マネジメントが有意義と感じていただけるネタも日々アップデートしていかなければなりません。日々勉強です。こんな勉強、好きでなかったらできません。

先ほども言いましたが、勉強できなくなったらやめようと私は思っていますし、それが何歳なのかわからないですが、その気持ちがなくなったらご迷惑だと思っています。興味がなくなって、違うことの方が気になって毎日過ごしだしたら辞めた方がいいと思います。

■日々研鑽ということでしょうか？

本当に毎年、今年は何もなかったという年はないです。勉強しないと一気についていけなくなっちゃいます。気持ちがなくなったら多分飲み込まれていきます。

File 04

コラム COLUMN

監査法人の組織と役職

「監査法人ってどんなところ？」と思っている方も多いかもしれません。ここでは監査法人の役職や組織について解説します。

監査法人の役職は大きく分けて、パートナー、マネージャ、シニアスタッフ、スタッフの4層構造になっています。

パートナー（社員）

監査法人の経営陣であり、監査報告書の署名者となり監査業務の最終責任を負い、監査調書のレビューや、監査上重要な場面でのクライアントとの折衝を担います。

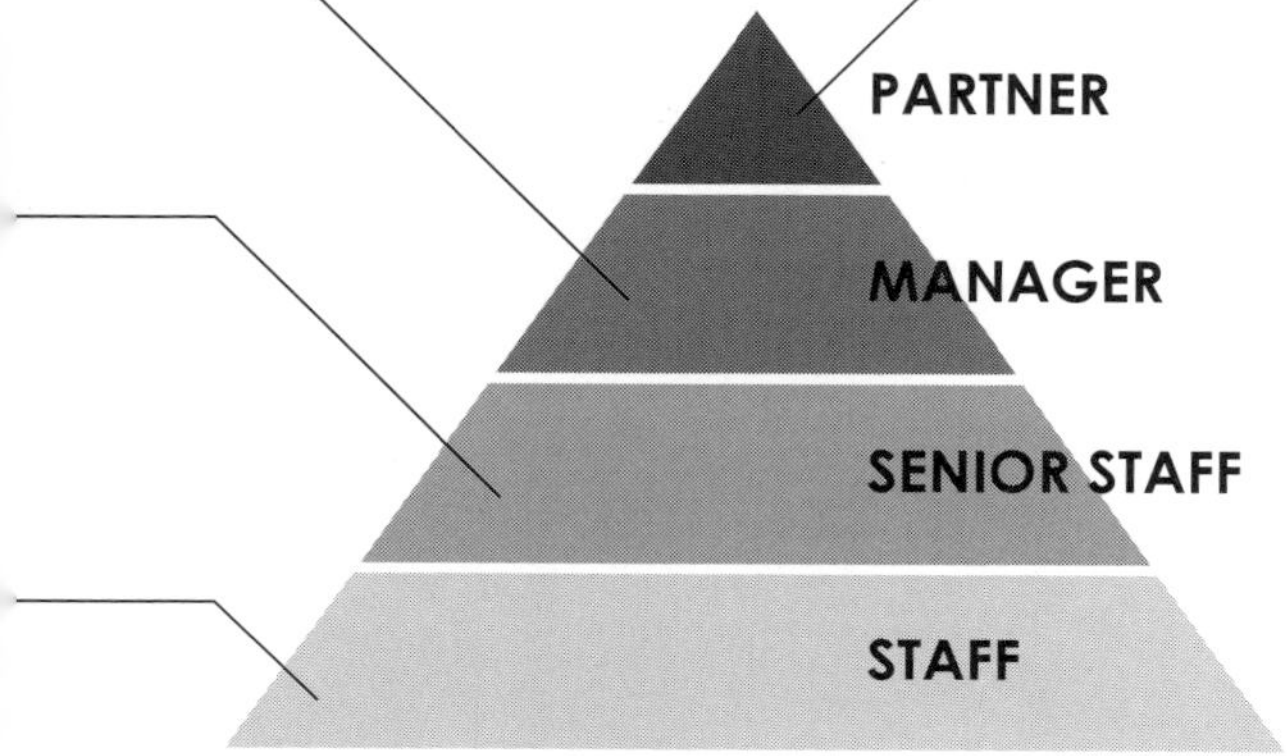

これらの役割は監査部門を前提としたものです。監査法人の中には、主に上場企業の監査を担当する監査部門以外に、IPO部門（上場支援）やIT監査の専門部署、公会計や学校会計などを担当する部門、コンサルティング部門などがあり（別法人になっている場合も多い）、公認会計士資格を持たない人たちも多く働いています。

マネージャ

業務プロジェクトの全体管理を行い、監査チームとクライアントとの調整役となり、またプロジェクト上重要な業務に関する調書の作成等を行います。

シニアスタッフ

監査業務の現場監督です。監査調書の作成に加え、監査チームのスケジュール調整や、スタッフの指導等、監査現場を円滑に回す役目を担当します。

スタッフ

監査調書作成の実務部隊で、監査資料の収集・分析や調書の作成を引き受けます。

企業復活のナビゲーター

【事業再生】

File 05

Matsubara Hiroyuki
松原 広幸

[経歴]

① 大手監査法人勤務
② 退職後、先輩会計士の会社へ就職
③ 先輩会計士の紹介で事業再生に携わる
④ 独立し事業再生分野の専門家になる

■大手監査法人から次のキャリアを考えたのはいつごろですか？

２００４年11月に大手監査法人の名古屋事務所に入所し、当初は監査法人で勤めあげることも視野に入れながら監査業務に携わっていました。今後のキャリアを考え始めたのは、入所２年目の半ばか終わりごろです。

２００７年の春に退職の意向を伝え、２００７年12月に退所しました。

■次のキャリアを考えた（悩んだ）きっかけはどういったものでしょうか？

私自身は、クライアントに対して、監査業務だけではなく、コンサルティング業務も一緒に行っていきたいと考えていました。ただ、当時は上場企業の粉飾決算が問題になっていた時期でもあり、業界の風潮としては、監査とコンサルティングとを明確に切り分けて、監査クライアントに対しては監査を中心に行い、コンサルティングは行わない方向に進んでいました。そのため、自分がイメージしていた、クライアントに対して積極的に働きかける姿とは離れてきたと感じ、それがきっかけで次のキャリアを考えました。

File 05

■大手監査法人を退職してまずは何をされましたか？

大学時代の先輩会計士が京都で会社を立ち上げていて、一緒にやろうというお誘いをいただきました。それで退職を機に、学生時代に縁のあった京都に戻る形となりました。

■監査法人を辞める不安はなかったのでしょうか？

当時はまだ20代で独身だったこともあり、将来に対する不安というのはほとんどなかったと思います。また、ありがたいことに、辞めてからも退職した監査法人で非常勤の仕事をさせていただいていたので、一人で生活できるくらいの収入はありました。

■事業再生に関わるようになったきっかけを教えてください。

たまたま、その先輩会計士の紹介で、事業再生の案件をやってみないかという話をいただき、お手伝いする形で初めて事業再生の仕事に関与させてもらいました。その業務が今までやったことのない領域だったこともあり、とても難しく、難しいけれども、とても面白く感じて、そのままのめり込んでいって現在に至る、という感じです。

■再生案件を手伝う中でどういうところに面白味を感じるようになったのでしょうか？

監査法人時代には、クライアントにもっと働きかけたいのにそれができない、という「もどかしさ」のようなものがありました。一方で、事業再生の現場では、クライアントがさまざまな課題を抱えており、「その課題を解決するにはどうしたらよいか」、「解決方法がわかっていてもそれをどうやって行動に移してもらうか」、「事業計画について債権者である金融機関にも納得してもらわないといけない」など、そこにはあるべき正しさだけではなく、いろんな人の感情が渦巻いています。混沌を調整して解決する役割を担う必要があり、自分に求められている要求水準がかなり高いと感じました。若かったこともあり、自分の能力よりもすごく高いレベルの水準をいろんな人に求められて、それをやりがいとして感じられた点が大きかったように思います。

File 05

■未経験でも可能なのでしょうか？

全くの未経験の業務を、全て一から自分でやるというのは難しいと思います。私も知識も経験もない中で、手探り状態ではありましたが、いろんな方に知識や原則的な考え方などを教えていただいたおかげで、ここまでやってこられたと感じています。

■事業が軌道に乗るまでの間に苦労はありましたか？

私が事業再生に関与し始めたのはちょうどリーマンショックのころだったこともあり、案件の相談はたくさんありました。ただ、地域密着で公的な機関や金融機関から依頼を受けていたので、一度信頼を失うと、次の仕事の相談が来なくなる可能性があります。苦労というより、当たり前のことですが、目の前の仕事に丁寧に対応することを心がけていました。

■近年での事業の変化などはありましたか？

時代の流れによって求められる能力にも変遷があります。たとえば、最初は事業計画を作ること自体がゴールでしたが、徐々に作った計画に対するモニタリング（予実比較）、その後は業績を管理するだけでなく、私自身が積極的に経営に関わって経営会議などでも発言できるような体制の構築、さらにはクライアントが抱える個別具体的な課題（営業管理や販売管理等のシステム関係やWEB関係、マーケティングやブランディング、製造現場改善等）に対して、アドバイスだけでなく、実際に課題を解決できるような専門家や機関との連携体制を整えるなど、ゴールの変遷とともに提供できる業務の幅が徐々に広がってきたように思います。

また最近では、弁護士の先生方と一緒に行う、債権カットを伴う私的整理（再生型、廃業型）、民事再生や破産などの法的整理手続きに関与させていただくことも増えています。

■事業再生の難しい点を教えてください。

クライアントや債権者である金融機関との距離感の取り方だと思います。

File 05

また、クライアントが抱える課題に対する解決策を見つけること自体はそれほど難しいことではありませんが、それをクライアントに実行してもらう、ということが難しい点です。

■どのように実行してもらうのでしょうか?

私の場合、最初は社長のお話をひたすら聞くことから始めます。しっかりとお話を伺うことで、社長の考え方や行動原理、人生観などを理解することができますし、何度も対話を重ねることで、お互いの信頼関係を構築していくことができます。

クライアント自ら課題解決を実行に移してもらうためには、改善の方針について社長自身にしっかりと納得してもらう必要があります。単に外部のコンサルタントがこうすべきだと指摘しても、簡単には理解してもらえませんし、行動にも移してもらえません。そのため、私と社長との間での信頼関係は非常に重要だと考えています。

■債権者（金融機関）側にも納得してもらわないといけませんよね？

クライアントが納得する計画である必要がある一方で、債権者である金融機関にも理解してもらえるような事業計画を作成する必要があります。そのため、社長との信頼関係を構築しつつ、金融機関からは外部の客観的な専門家として認識してもらうことが必要となり、その立ち位置の取り方は感覚的な側面も大きく、言葉ではうまく言えませんが、この業務の難しい部分であり、醍醐味でもあるかと思います。

■距離感が難しいと感じる中で、どのように対応してきましたか？

私も最初は距離感の取り方がわからず、どちらかというとティーチング的に、ああすべきではないか、こうすべきではないかと一方的に正論を投げかけ、クライアントとぶつかっていました。ただ、いくらこちらが正しいと考える方策を伝えても、納得して行動してもらえなければ意味がありませんし、事業計画の達成可能性も低くなってしまいます。反対に、クライアントに肩入れしすぎて金融機関とぶつかったことも多々あります。それを繰り返しながら、徐々

File 05

に角が取れていったように思います。

■その距離感の取り方は経験しないとわからないですね。

一緒に仕事をしていた事務所の職員から、「会社側についたらいいのですか、銀行側についたらいいのですか」と聞かれたこともありましたが、「どちらの目線も持ちつつ、でも本質的には会社に寄り添う必要がある」と回答していました。

■その中でも、会社側に寄り添う方向となったのは、最初からですか、それとも業務を進める中で自然とそうなったのでしょうか?

気がつけば「会社側に寄り添う」という今の形になっていたと思います。

もともと大学時代に心理学を専攻していて、臨床心理士（心理カウンセラー）になりたかったこともあり、悩んでいる人や困っている人の話をじっくり聞くことで、その人の心の負担が軽減され、安心を感じてもらうことに喜びを感じていました。

事業再生の局面においても、私が話を聞くことで、関与した方々に少しでも安心して前向きな気持ちになってもらいたいと考えていますし、前向きな気持ちになることで、経営に集中してもらえると思っています。そのため、経営者に寄り添いながら業務を進めることが、長期的にクライアントの事業改善につながると考えています。

■この業界の営業手法はどのような方法がよいと考えていますか？

営業をするのであれば、相手先は地域の金融機関か公的な機関（中小企業活性化協議会）になるかと思います。担い手が不足している現状もあり、金融機関の審査部などに訪問して営業活動を行えば、「まず一件やってみてもらえますか」という話になる可能性はあるかもしれませんが、全く事業再生の経験がない場合には、そもそも単独での受注は難しいと思います。

そのため、もし事業再生の業務を行うのであれば、まずは同業の会社に就職（転職）するなどして、事業再生の経験を何件か積んだ上で独立して、それから営業に行かれるのがよいと思います。

File 05

■ご自身の営業はいかがでしょうか？

私の場合、地域の金融機関、中小企業活性化協議会、ご縁のあった弁護士の先生方からご相談をいただく形がほとんどです。自分自身がいわゆる営業活動を行うことはありません。

狭い地域で長年、事業再生業務を行っていることから、以前に金融機関の審査部にいて案件をご一緒した方が、10年後に支店長になり、その支店の案件について私に問い合わせをくださったこともあります。そういう意味では、一つの地域で長く業務を行い、その地域の金融機関や公的機関、弁護士の先生方との長期的な信頼関係を構築するということが、私にとっては本質的な意味での営業になるのではないかと思っています。

■監査法人時代にやっておいた方がよいと思うことはありますか？

監査法人では、きちんと利益を出す仕組みが整っている多種多様な企業を見ることができます。そのため、その企業の利益の源泉は何かとか、内部統制がどのように構築されているかとか、どのような事業計画を立案しているかなどを意識しながら監査業務を行うと、監査が単なる数値のチェックではなく、生きた経済活動の実態として捉えることができるようになります。そういう視点で業務にあたることはとても重要ですし、本当に貴重な経験になると思います。

また、ＦＡＳ＊関係の部署に異動ないし出向して、コンサルティングや事業再生、Ｍ＆Ａでの財務・事業面でのデュー・デリジェンスの経験ができるならやっておいた方がよいかもしれません。

＊ＦＡＳ……Financial Advisory Service の略。企業を財務的な面から支援する業務を指す。代表的なものに、Ｍ＆Ａのサポート業務や、企業価値算定・株価算定業務などがある。

■公認会計士が事業再生業務で独立する場合の参入障壁について、どのようにお考えでしょうか？

公認会計士の資格があることで、一定のスキルと知識があることが社会的に理解されているので、信頼されて仕事を進めやすいというのは大いにあります。

しかし、仕事を受注することができたとしても、事業計画書という資料を作成することが目的ではなく、社長と協議を重ねて方針の理解や納得をしてもらわなければなりません。債権者である金融機関とも折衝を繰り返すことになるので、その点はスマートな仕事ではなく、かなり泥臭いというか、地道な仕事なので、向き不向きを含めて、モチベーションを継続できることが大事な気がしています。

■事業再生業務でご活躍されている公認会計士の数について教えてください。

事業再生業務のプレイヤーは、リーマンショック以降、一時的に増えましたが、その後下火になり、今はまた、コロナ禍の融資の返済などに直面している企業も多く、再び必要とされている状況にあるかと思います。M＆Aの業界や民間企業などに進む会計士は増えていると思いますが、事業再生の分野で独立する会計士が増えているという実感はなく、むしろ不足しているように思います。

■仕事に対するモチベーションの保ち方について教えてください。

当然のことではありますが、クライアントの業績が改善していく姿を見ることは、モチベーションにつながります。厳しい事業再生の現場をクライアントと一緒に乗り越えることになるので、クライアントとはある種の戦友というか、お互いの仲間意識・信頼関係が生まれます。そのような感覚を共有できることはとても嬉しいです。

また、一人の専門家として、今までできなかったことが徐々にとできるようになっていくと、課題解決の幅も広がっていきます。この会社にはこのくらいの改善策が必要だとか、この会社にはこれくらいの大ナタを振るわないといけない、といったことがわかるようになってきます。自分自身が成長し、事業再生の専門家として信頼を得ていくことで、自分が対応できる範囲が徐々に広がっていくことが、モチベーションになっています。

それと、事業再生の現場は、クライアントにも金融機関にも常に不安や不満が渦巻いています。それをきちんと整理して、現状どういった位置にいるのか、これから何が起こるのか、何を優先して解決していかなければならないのか、そういったことを関係者と密にコミュニケー

File 05

ションを取りながら、少しでも不安を取り除き、安心感を持ってもらう、ということが大切だと考えています。私がいることで、少しでも関係者の方々の不安が減り、前向きな気持ちになってもらえるといいなと思っており、それがモチベーションにつながっていると思います。

■想像していたよりもかなり幅広い業務範囲ですね。

私自身が意識していることとして、事業を実際に動かす社長の右腕（いわゆる番頭）にはなれないけれども、社長の左脳（いわゆるブレーン）のような存在になりたいと思っています。中小企業には豊富な人材がいるわけではないので、社長は常に孤独ですし、相談できる相手もなかなかいません。そのような中で、経営に関することでも、法的な側面でも、事業に関係のないことでも、とにかく何か悩みがあったらまずは気軽に相談できる先として存在していたいと考えています。

お聞きした相談事について私自身が解決できなくても、一緒に考えることはできますし、解決のために専門家を紹介することもできます。そのような経験を繰り返すことで、私自身も同様のケースが他社で起きたときの解決法を学ぶことができているという感じです。

■現在の仕事時間（業務量）についてお教えください。

基本的には、平日の朝8時から18時までと決めています。

事務所はありますが、必要なときだけ行くといった感じで、週に1日〜2日程度です。だいたい午前と午後にクライアントを訪問し、それ以外の時間は、自宅や事務所、移動に使っている自分の車の中で、作業をしたりWEB会議に参加したり、という感じです。

平日は家族との時間を優先したいのでなるべく早く帰りますが、それで期日に間に合わない場合には土日に作業せざるを得ないため、だいたい土日の午前中は自宅で作業していることが多いです。もちろん、緊急の仕事があったり、案件が想定以上に重なったりした場合には、平日の夜遅くまで仕事をすることや、土日関係なく働くこともあります。

■常に仕事が溢れている状態になりませんか？

それは難しい問題ですね。時間を決めてその間に何とか終わらせたいと思っていますが、どうしても平日だけでは対応しきれないのが実情です。

ただ、単に頑張るという精神論だけではなく、業務時間を短くするために気を付けていることもあります。データの入力作業や加工、成果物のチェックなどは事務所の職員にやってもらって、私自身はなるべく考える作業や人と話すことに時間を割いています。

また、成果物としての報告書や計画書も、最低限の見た目は整えますが、綺麗に作り込むのではなく、エクセルで印刷したらそのまま報告書の形になるように工夫して、パワーポイントは使わないようにしています。そうやって、成果物がオーバースペックにならないように気を付けています。

■ワークライフバランスについてはいかがでしょうか？

ワークライフバランスについてはかなり意識している方だと思います。ワークライフバランスとは、端的に言うと報酬（所得）と時間（時間の自由度）とのバランスだと考えています。

時間の自由度という意味では、独立したことで、決められた時間に出社する必要はありませんし、そもそも事務所に行かなくてもいいので、効率的に時間を使えるというのは大きなメリットとして挙げられると思います。

■報酬（所得）面についてはいかがでしょうか？

私自身はものすごく稼ぎたいというわけではなく、プライベートな時間を大切にしたいと考えています。独立すると、将来に対する不安から、どうしても仕事をたくさん詰め込んで、昼夜問わず働く、という形になりがちですし、意識して働く時間を決めていかないと（制限しないと）、オーバーワークとなってしまいがちです。そのため、働く時間をきちんと決めて守る、というのが独立して個人でやる場合には、大切だと思います。

File 05

■お仕事をしている中で今後社会にどんな影響を与えていきたいですか？

自分が行っていることが社会全体にとって有益かどうかとか、どういう影響を与えるかとかそういうことは考えず、とにかくご縁をいただいたクライアントに対して、そのクライアントが少しでもよくなるにはどうしたらよいか、ということだけを考えるようにしています。

■将来の展望はいかがでしょうか？　ここから5年後、10年後、20年後含めてお教えください。

先にも述べましたが、ここ数年かけて取り組んでいることとしては、自分だけでは解決できない課題がたくさんあるので、会社の課題を見つけて解決の方向性を示すだけでなく、具体的な課題を解決できるようになっていきたいと思い、さまざまな分野の専門家との連携を進めています。

たとえば売上拡大のためのマーケティングやブランディングや商品開発、受注管理や営業活動管理のための営業管理システムの導入・運用支援、ＷＥＢ制作やＳＥＯ対策、製造現場の業務改善などです。事業計画を立てるということだけでなく、業績改善に直結する、事業の本業での課題解決をできるようになっていきたいという思いがあり、日々取り組んでいます。

File
05

ハッピーM&Aお兄さん

【M&A】

File 06

Koshiba Gakuji
小柴 学司

［経歴］

① 大手監査法人に入所
② T会計不動産事務所に入所
③ M&A仲介会社に転職
④ M&Aを中心とした
　㈱マイベルコンサルティングを設立
⑤ 自身が買い手となった税理士法人と
　小売業も併せて運営

■まずは公認会計士を目指されたきっかけを教えてください。

高校2年生のときに図書館で読んだ仕事についての本がきっかけです。社会的地位と年収と将来性などが書かれていました。五つ星だったのが医者と弁護士と公認会計士だけ。医者と弁護士はわかるけど、会計士という職業を初めて見て、何なんだと思いました。具体的に当時の会計士の平均年収は2000万円と書いてあって、高校生からすると「スゲーっ」となり、そこからスイッチが入りました。その後、大学1年の夏休みが終わってから専門学校の通信講座で勉強を始めましたが、今ほど情報もない中、独りで非効率な勉強をしていたので、長くかかってしまい最終的には大学卒業後2年目に合格しました。

■そこから大手監査法人に入所されました。

大手監査法人の神戸事務所でした。そこで2年弱、監査業務をしました。

File 06

■早いタイミングで退職されていますね。

退職は、同期で一番早かったです。監査法人を辞めようと思ったきっかけが、隣の席の人のタバコでした。当時は職場での喫煙は普通でしたが、「置きタバコをやめてほしい」と言ったら断られたので、「では私が辞めます」と言って辞めました。

タバコアレルギーなので、毎日、目や頭が痛くなるのが苦痛でしたが、自分の健康を考えて早く辞めてよかったです。それと積極的な退職理由は、不動産関連と資産税業務をやりたいと思ったことです。

■退職後にT会計不動産事務所に入所されて、税務業務をされますがいかがでしたか？

この事務所の所長は会計士三次試験の実務補習所の先生だったのですが、不動産鑑定士の資格もお持ちで、不動産仲介と資産税をされていたので理想的でした。一般的な会計事務所であれば、相続税の申告で終了ですが、不動産鑑定士として相続税評価ができ、相続不動産の売却までサポートしていました。

その中で私は会計士として勉強すべきことは、税金と不動産だと考えていました。世の中の社長は節税が好き。だから余ったお金で不動産を買うことも好き。ということで、不動産と税金の知識は必須だなと思っていました。現在、所長は93歳の現役ですが、今も時々事務所にお邪魔しています。

■入所の経緯について教えてください。

実務補習所時代、所長に「将来、先生の事務所で働きたい」とお伝えしたことがきっかけです。その時は、ヒトは足りているということで入所は叶わなかったのですが、その後、良いタイミングで連絡をいただいて晴れて入所に至りました。

■ここまでは、今につながるM&A仲介やM&A業務が出てこないですが。

当初、資産税で食べていこうと考えていたのですが、T事務所のときに、後継者に無理やり会社を継がせておかしくなっているお客さんが何件かあり、それがきっかけとなってM&Aへ

File 06

の興味につながっていきます。

子どもに自動的に会社承継させるのではなく、外部の優秀な人に承継させるという選択肢が会社にとってよい場合もあるのではないかと考えました。親からタダで株をもらうよりも、お金を払ってでも買いましょうという方がやる気もあり能力も高いと思います。

当時は、会計士がM&A業界に行く例も少なかったです。そんな時に、会計士協会の兵庫会で、M&A仲介会社の社長が講演されて、30人面接したけれども採用ゼロだったということを聞き、この会社にぜひ行きたいと思い、社長に手紙を書いて面接してもらったところ即採用でした。

■採用に苦労されていたところで即採用はすごいですね。

この時の採用では営業を求めていたのですが、そのような募集要件は気にせずに面接をお願いしました。業界に会計士が少なかったことや会計事務所時代に非上場株式の評価をたくさんしていたので、M&A業務の基本ができていた時点で合格だったのだと思います。

■会計不動産事務所は円満退社だったのでしょうか?

M&A業務をやりたいということで、所長に辞める意向を伝えたのですが、所長の病気等の理由で退職は2年後になり、これも良いタイミングで、結果的に5年間お世話になったところで円満に退社し、M&A仲介会社に転職しました。

■会計不動産事務所ではM&A業務はされていましたか?

その時はしていませんでした。財務デューデリ業務はありましたが、直接的に仲介をすることはありませんでした。所長はよく書籍の執筆もされていて、非上場株式評価の本の執筆もあり、そのお手伝いをすることもありました。この時の知識が基本となって、M&A仲介会社での業務に活かせたところがあります。

File 06

■転職先のM&A仲介会社は、現在、グループ1000人規模の上場企業ですが、その創成期について教えてください。

当時は10人程度の会社でした。何百人のセミナーを数人でこなしており、大きく見せることが得意な会社でした。オーナーのお二人は同じ会社で営業職を経験された後に創業され、二人とも営業力の強いコンビだったのですが、こういう会社は伸びると身近で経験できたのはよかったです。

■M&A仲介会社時代は営業もされていたのですか?

会計事務所や地銀に対する営業をしていました。西日本の地銀はほぼ全部営業に回りました。隣接県の地銀同士はライバルなので、隣の地銀がM&Aセミナーをすると、「じゃあウチもお願いします」となって、どんどんセミナー依頼がありました。そのうち全国の地銀のうち7割ほどを集めて、3カ月に1回のペースでM&A勉強会をするようになりました。これだけ地銀を集める会社はまれだったと思いますが、ここで各地銀の担当者同士も仲良くなってM&Aの認知度・理解も進み、M&A業界のハードルが下がっていきました。

M&A仲介会社では4年程度お世話になりましたが、ノウハウだけでなく、営業でもかなり貢献したつもりです。同じ業界でもあり、退職後も良い関係性は続いていますが、当時地銀にいらっしゃった方は私が主催するランチ会にも参加してくれています。

■そして念願のM&A業務を中心として独立される。

はい、㈱マイベルコンサルティングを設立しました。

㈱マイベルコンサルティングでは、後継者がいない中小企業のM&A仲介やグループ内の組織再編、株主間トラブルやM&A（売却）時の株式売買に関する企業評価、M&A時の買収監査、事業承継対策、相続対策を意識した不動産の有効活用に関するコンサルティングを専門分野としています。

M&A仲介会社での4年間を経て、ちょうど今年で独立して20年になり、M&A業務は24年やっています。

File 06

■会社HPにある「ハッピーM&A」とはどういうものでしょうか？

M&Aの当事者に、「売ってくれてありがとう。買ってくれてありがとう。」と言っていただけるような仲介をしたいと思いこれまでやってきました。これが私の仲介姿勢です。ちなみに「ハッピーM&A」の登録商標も取りました。

たとえば、基本的にはヒトを切るということはしないようにしています。独立してから100件以上の案件に携わっていますが、どうしようもなく売り手の役職員で辞めていただいた方は3人だけで、これは相当少ないと思います。

■手掛けられる案件では、M&A後もかなり関与されるということでしょうか？

仲介会社は契約上、M&Aの最終契約締結で業務は完了！　おめでとうでおしまい、となりがちですが、私の場合は宮大工みたいなもので、建てた後に雨漏りとか不具合があるかどうかを調べて、それを調整して初めて仕事が完了すると考えています。大手の仲介会社だと、そこまでできないことが多いのではないかと感じています。売り手と買い手の双方に喜んでいただきたいので、M&A後にどうなったかをすごく見ています。それを次の案件に活かしていくので、M&A後のトラブルの可能性が減っていくという好循環があると考えています。

■仲介者として重要な点はどのようなところにあると考えられますか?

一番は、売り手と買い手の関心が最も高い売買代金だと考えています。たとえば、適正価格が1億円だとするとできるだけこの適正価格で買い手を探します。多くのM&Aの売買代金は高いと感じますが、これは、売り手が支払う高額な仲介手数料を含んだ金額のためです。

買い手の値下げ要求を考慮して、高値の1億5000万円から交渉をスタートした場合、値切られて最終的に適正価格の1億円に落ち着く場合があります。本来適正価格での成約なのに、売り手は値切られた感が残り、ハッピーになりません。よって、最初から適正価格で話を進める方がよいと考えています。その方が交渉期間も短く済みますしね。

File 06

■仲介者にはうまくコントロールする能力が必要ということでしょうか？

そのとおりです。そしてコントロールするには、M＆Aの案件全貌の組み立て力が重要だと思います。良い案件は、売り手との初回面談時に買い手の顔が浮かんで、全体的な組み立てが浮かびますが、難しい案件ではそうなりません。

■ある程度は経験の差もありそうですね。

今まで簡単なM＆A案件はありませんでした。小さい案件も大きい案件と同じくらい手間がかかることがあります。売り手の事情や思惑と、買い手のそれは異なりますし、M＆A対象となる会社の事情もさまざまです。それぞれの事情をしっかり理解して取引全貌を組み立てて話を進めないと円滑に成約まで持っていけません。少なくとも10件くらいは仲介しないと良い仲介はできないと思います。

■こちらが諸事情を理解して進めていたとしても、色々な方がいますし、全ての案件を円滑に進めることは難しそうですね。

相性が合わない案件があることはやむを得ないので、その場合はすぐに交渉をストップします。売り手・買い手を含めた関係者の全てがハッピーでなければよくないと考えていますので、お客さんにも色々な仲介会社と会って特徴を理解した上で当社とご契約いただくこととしています。

■失敗したという経験はありますか？

独立後に大きな失敗はないのですが、M＆A仲介会社時代の案件で、売り手と買い手で裁判になったものを5年間くらいボランティアでフォローしたことがあります。これは自分が過去にやっていた案件なので、責任を感じてのことです。裁判になるとM＆Aの意味が半減するので、トラブルのないM＆Aを心がけています。

File 06

■一般的にM&Aの失敗はどのような状況とお考えですか？

たとえば、当事者間で裁判になってしまうケースです。明確にどちらかが悪いということもあるのですが、全然訴える必要がないのに裁判になってしまっている案件もあります。これは裁判で勝てる、と弁護士が煽ったケースがあります。いずれにしても、早いタイミングできちんと話し合いをすれば、解決できることが多いです。M&Aのイメージが悪くなるといけないので、ハッピーM&Aの事例を増やしていきたいと考えています。

売り手と買い手のトラブル解消には全力で取り組んでいますので、私は今まで責任を問われたことはありません。

■マイベルコンサルティングを始められて、営業活動はどうされていますか？

セミナーや勉強会を企画して講師をしたりしていました。まずは名刺交換が営業の基本ということで、名刺を1000枚単位で発注して、1年間でこの1000枚程度を配っていました。大量に名刺を配ることに意味があるのか疑問に思ったこともあるのですが、将来的に効いてきます。顔写真入りで、相当数配っているので、「5年前にセミナーでお話を聞きしました」という連絡をいただいたりします。

時代の流れで、今はネット上でマッチングなどがありますが、この点については懐疑的なところがあります。特にM&Aはフェイス・トゥ・フェイスでないと微妙な相性がわからず、なかなかうまくいかないと考えています。

■今でも大量の名刺を配られていますか？

今は同じような営業はほとんどやっていません。M&Aを24年もやっていると、過去の営業が効いてきます。今は税理士会の各支部でM&Aセミナーの講師をするのがメインの営業になっています。

■マイベルコンサルティングの他にも、リオ税理士法人と風街道具店の事業をされていますね。

実は2つとも、自分が買い手となったM&A案件です。税理士法人は2020年6月に代表

File 06

に就任し、風街道具店は2023年に代表取締役に就任しています。

■リオ税理士法人をされるまで税務業務はされてこなかったのですか?

会計事務所時代に税理士登録をして税務全般をしていましたが、リオ税理士法人を設立するまで約20年のブランクがあります。

■その中で、税理士事務所の承継話があったのですか?

営業の一環で「顧問先のためのM&A」というテーマの講演をしていた際、受講していただいた先生から、自分の税理士事務所を譲渡したいということで相談を受けました。歴史のある税理士事務所なのですが、譲渡金額等の条件もよかったので、結果的に私が引き継いで、売り手の先生と一緒に税理士法人化しました。最初2年間はこの先生と一緒に共同経営し、2年前に完全リタイアされています。現在のスタッフは元の事務所から勤務していただいています。

■風街道具店はどのような事業ですか？

キャンパーの中で比較的有名な玄人ギアを扱っているお店で、インスタグラムのフォロワーは5万人ほどです。

このお店は、古くから仲良くしている会計事務所の顧問先だったのですが、担当者も20年以上の知り合いです。社長がお店を閉めようとされていたところ、もったいないという話から、M＆Aといえば私ということで声をかけていただきました。売り手の社長と初めての面談の際に私が買わせていただくのはありですか？　とお伝えしました。

■キャンプが好きだったのですか？

キャンプが好きというより、キャンプの世界観が好きというイメージです。

お店をやっている以上は自分でも体験しないといけませんから、この1年で4回キャンプに行きました。アイデアが詰まったオリジナルのキャンプ用品やオシャレな防災グッズを作りたいという願望もあります。今は、仲良くしている金属加工会社の社長とキャンプ用品を作ろうと言ってデザインを考えたり、キャンプ好きのフレンチシェフとキャンプ飯を開発したりしているところです。

■ご自身の業務割合はどのようにされていますか?

税理士法人を設立してから、会計事務所7：M&A3くらいでしたが、今は6：3：1（キャンプ道具屋）くらいのイメージです。

■業務もお忙しそうですが、さらに多趣味ですね。

キャンプのほかには、ヨガ、ビリヤード、和太鼓、AI勉強会、異業種の士業の会が3つ（神戸、尼崎、大阪)、20年以上続いているランチ会、100年以上の歴史がある社交クラブの世話役もしているので、趣味は多い方だと思います。最近モーガン（イギリス車）を知り合いから買ったので、この趣味も広がると思います。

SNSはフェイスブックです。仕事時間は平均的なサラリーマンより3割ほど多いくらいかなど思っています。

ワークライフバランスは、昔はほぼワークのみでしたが、今はワーク6：ライフ4くらいです。だいぶ課外活動が多めです。

■これらの趣味は、M&Aの仕事から広がっているのですか？

M&Aの仕事からの広がりは10％程度で、士業からのつながりが多いです。

私が主催しているランチ会には、雰囲気の良い方や面白い方にご参加いただいていますが、こういう方に勉強会の講師をしてもらって楽しい輪がどんどん広がっていきます。

お客さんから、こういう士業を紹介してほしいと言われたときも、ほとんど紹介できます。

お客さんとの相性とか距離感とか、性格とかを考慮して紹介しますので、満足度も高いと思います。

継続することや定期的に会うことが大事だと思います。

File 06

■今後、どうやって生きていこうといった目標みたいなものはありますか？

目標を聞かれたときにいつも答えるのが、現状維持です。ヨガの教えで、過去のことを言わず、今に集中しなさいというのがあり、上がる下がるを気にしない平常心でいたいと思っています。

■仕事に通じるところもありそうです。

何か途中で齟齬・誤解が生じたような案件でも、過去に言った言わないの水掛け論をするよりも、そこは強く言わずに、これからどうしましょうというところを中心にするとトラブルになりにくいと思うのです。

ある大阪の私立学校の理事長が言われていましたが、生徒の喧嘩は、その日に解決させるとのことです。そうすると生徒は翌日ケロッとしている。裁判でも何でも後からやるから時間がかかってあかんと。M&Aも同じで売り手と買い手のトラブルはできるだけ短時間で解決することが重要と思っています。

■最後になりますが、後輩達に向けてのアドバイスをいただけますか？

会計士の強みは、社会的信頼性だと思います。会計士の肩書を使って何でも挑戦したらいいと思います。やりたいことをやっていない人はたくさんいるように感じています。

どんな業界に進むにも、信頼されていることが前提になりますが、会計士だと信頼性が高いと考えてもらえます。ただし、権威にならないように気をつけることが大事かなとも思います。権威を持った人が間違えたことを言ったら周りが反論しづらくなります。何らかの案件において実効性を高めたい場合、コミュニケーションで支障が出ないことが重要です。うちの税理士法人では私のことを「先生」ではなく「小柴さん」と呼んでもらっています。

■小柴さんのM&A等を通じたご経験や、様々な分野のヒトとの繋がりからくる幅広い視点でのアドバイスは、大変貴重なご意見でした。

私も将来の自分像を描きつつ、ヨガの教えでもある、今に集中して、やりたいことに正直になって着実に挑戦していきたいと思います。

File 06

公認会計士の収入

監査法人勤務の場合は、監査法人の規模にもよるものの、概ね次のように昇給していきます。

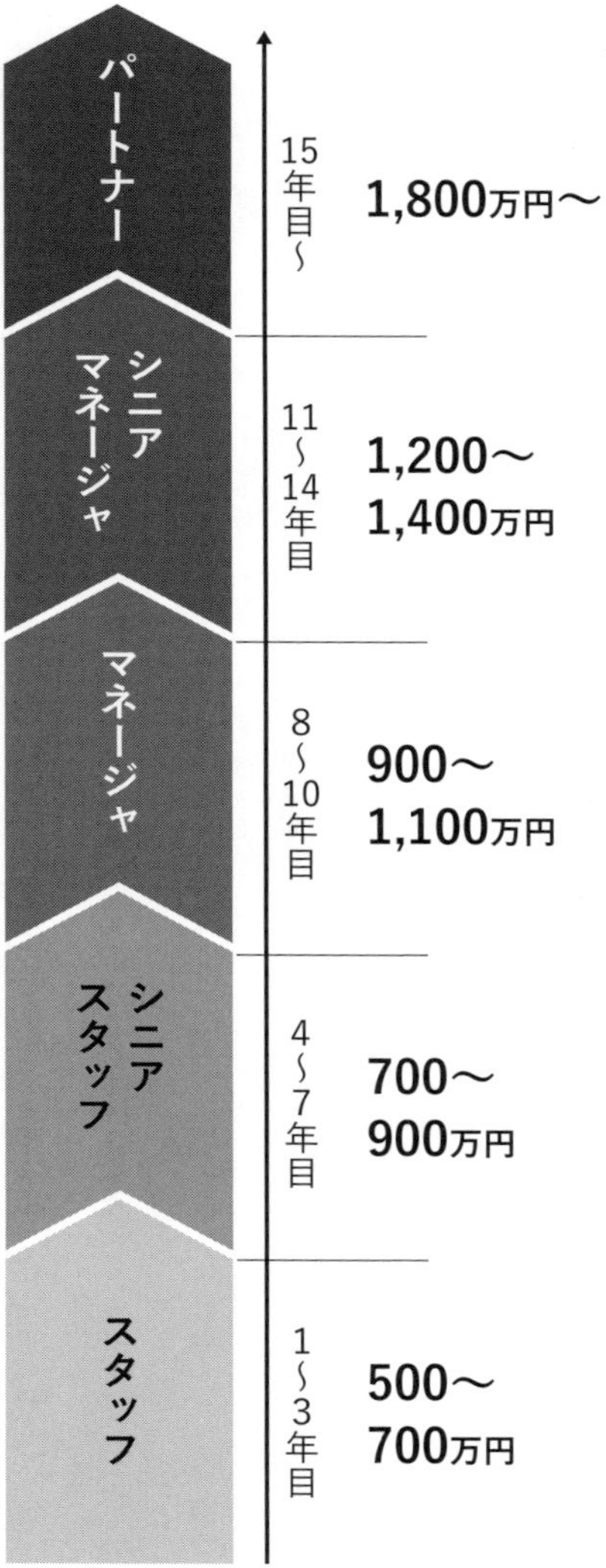

一方、監査法人を退職し、別のキャリアを歩むことになると、仕事の内容や働き方次第で、それこそ年収はピンからキリまでとなります。年収5000万円を超えている（と思われる）会計士もゴロゴロ存在しますが、編者の観測範囲においては、おおよそ1500万円前後がボリュームゾーンと思われます。もっとも、独立会計士の働き方が千差万別であるのは本書の通りですので、「この業務に従事しているから年収が高い、あるいは低い」ということは一概には言えないのが独立会計士の面白いところと言えるでしょう。

【事業承継】

File 07

企業のDNAを未来へ、事業承継の設計士

Umehara Katsuhiko
梅原 克彦

[経歴]

① 高校時代に会計士を目指す
② 公認会計士試験合格
③ 専門学校で講師をする
④ 大手監査法人に勤務
⑤ 独立して開業する
⑥ 滋賀県の事業承継・引継ぎ支援センターで 統括責任者になる

■ご経歴を教えてください。

監査法人で監査、上場支援（ＩＰＯ）に従事後、独立後は社外役員、デューデリジェンスや事業再生支援などを経て、滋賀の事業承継・引継ぎ支援センターで専門相談員の募集があったことがきっかけとなり、現在も事業承継分野を中心に業務に取り組んでいます。

■公認会計士を目指したきっかけを教えてください。

高校生のときに母親から公認会計士という仕事があると教えてもらったことがきっかけです。学生時代は本気でプロ野球選手を夢見ていたのですが、高校でレギュラーになれず、体格も恵まれていないことを実感し、将来について迷い始めていたころでした。推薦で会計学科のある大学に決まっていたこともあり、大学に入ってから勉強を始めました。

■公認会計士という職業に魅力を感じましたか？

私の実家が牛乳屋で自営業ということもあり、学生ながら資格を取り安定した職業に就く選択肢は魅力を感じました。また、監査法人の給料が高いと知ったことも目指すきっかけになりました。

■合格した年度の就職状況はいかがでしたか？

前年の就職活動は売り手市場だったのですが、合格した平成5年は逆に就職難となり厳しかったです。合格年度は会計士専門学校で簿記と経営学の講師として勤務し、翌年トーマツに就職、監査法人でのキャリアがスタートしました。

■監査法人では監査業務のほか、どのような業務を経験されましたか？

監査業務以外では、1年目から手を挙げて上場支援に関与することができました。また、休日はビジネスマッチングのイベントに参加したり新聞で調べた会社の社長に会いに行ったりもしており、新規営業やベンチャー支援にも関与する機会がありました。

■新人としてはかなり自発的に業務経験を積まれてきたのですね。

監査法人の新人としては珍しかったのか、営業活動については評価していただきました。営業先で同じ監査法人の別の地方事務所とバッティングしたこともあります。

■営業気質な性格は学生のころからなのでしょうか？

自分では人前で話すことは不得意なタイプと思っていたのですが、高校の野球部の顧問からは教員を目指せと言われたこともありましたので、他人からは話すのが得意と見えるタイプなのかもしれません。

■監査法人を退職し、独立されたきっかけを教えてください。

もともと定年まで勤めるつもりだったのですが、監査法人内で組織改革があり、ほかの地区事務所との統合が進むことになりました。統合により業務の標準化や評価の統一化の中で、これまで自由にできていた支援や営業がしにくい環境になったと感じたことがきっかけです。

■独立後のプランはどのように考えていましたか？

自分の経験を活かして、上場支援とベンチャー支援をメイン業務に、クライアントを成長させて監査法人へつなげるようなポジションを考えていました。

■実際に独立後は順調だったのでしょうか？

最初のころは全く仕事がなかったです。辞めますと言った直後にリーマンショックとなり、上場準備やベンチャー企業からの市場ニーズが低迷したこともありましたが、一番の要因は大手の看板、ネームバリューによる信頼性がない中で営業をしなければならない状況を想定できていなかったことと感じています。

■厳しい独立直後となりましたが、どのように乗り切ったのでしょうか？

親や金融機関から借り入れをし、合わせて監査法人での事業再生支援のときにやっていた事業デューデリや経営改善計画の作成経験を自分に置き換え、自分自身をSWOT分析*してみました。自分はどんな経営資源や強みを持っていて、顧客にどんなサービスや貢献ができるのかを分析してみたんです。

＊SWOT（分析）……Strength（強み）、Weakness（弱み）、Opportunity（機会）、Threat（脅威）に関する分析を指す。

■まさに公認会計士らしい乗り切り方ですね。

SWOT分析の結果から自分なりにサービスを企画して、監査法人時代の営業で培った人脈に提案して回りました。リーマンショックでどの企業も苦しい状況でしたので、9社ほど受注があり、独立直後をしのぐことができました。また、当時の京都府中小企業再生支援協議会のサブマネージャとして機会をいただいたので、その経験は現在の仕事にもつながっています。

■独立の際、気を付けるべきことはありますか？

もともと独立するつもりなしに監査法人時代を過ごしてきた方が独立する際には、独立する

File 07

前の準備が十分であるかどうか、注意が必要です。私は独立してしまってから独立の準備をしたようなものなので時間もお金も余裕がなく、独立前の準備が不十分だったと感じています。今後やりたいことを考えると、少なくとも10年前に現在のポジションにいたかったと考えています。

■長期的なビジョンをもって独立の準備をすべきということですね。

先ほどやりたいことがあると言いましたが、事業承継支援の際に60代の経営者に対して、「もう経営を後継者に譲るべきです」と伝えつつ、自分は50代半ばなわけです。やはり自分が思う理想のタイミングからは10年遅れていますし、実現できたとしてもそれは60代になるでしょう。

■やりたいことが見えていても、その準備ができていないとまたその準備に時間がかかってしまいますからね。

たとえば中小企業に経営の助言がしたいといっても本に載っている経営ロジックは大企業の

ロジックであり最低限知っておくべき知識なだけで、中小企業の経営ロジックではありません。M&Aでもそれは同じです。

■独立への想いがあるなら監査法人時代に準備すべきということですね。

具体的に何を準備するかはその方次第ですが、独立した公認会計士ができる業務と、独立してしたいことが同じとは限らないので、やりたいことができるためにはどんな知識や経験が必要か、情報収集をするべきではないかと思います。

■独立後の事業が軌道に乗るまで業務内容はどのように定まっていったのでしょうか？

事業再生のほか、上場準備会社の社外役員やJ―SOXの助言業務なども声をかけていただいたので、上場支援と事業再生の二本柱で独立後の業務が定まっていきました。

File 07

■上場準備会社の支援と事業再生支援はかなり毛色が異なりますね。

全然違います。意図的にそうしたわけではなく、結果的にそのような流れになったということです。社外役員をしながら事業再生の勉強もして必要なスキルを習得していきました。

■独立のタイミングについてアドバイスはありますか?

独立のタイミングは現在の組織内外で求められているときが理想ではないでしょうか。独立直後から看板なしに一人で営業してうまくいく方はそうはいません。所属していた組織やすでにポジションのある協力者がいれば仕事の機会も経験の機会もスムーズに得ることができます。

■最近公認会計士登録をしてすぐに監査法人を退職する方も少なくないようですが、それも準備次第ということですね。

組織での評価と見方は異なるでしょうが、独立後のことを考えて必要な経験やスキルは監査法人で十分吸収した、これ以上磨けないと考えるのであれば合理的かと思います。

■現在は事業承継の分野で活躍されていますが、どのようなきっかけがあったのでしょうか?

京都府事業承継・引継ぎ支援センターがサブマネージャを募集しており、そこに応募したことがきっかけです。その年は採用されなかったのですが、翌年に滋賀の同センターに採用され、本格的に事業承継分野に関与することになりました。

■事業承継・引継ぎ支援センターに関与してからの経験をお聞かせください。

専門相談員からスタートしました。事業承継の選択肢にM&Aが増え始め、デューデリの経験もありましたので、M&Aの流れを知っていること、再生支援協議会と同じ経済産業省の組織ということもあり事業運営の進め方にも慣れていたので、1年で統括責任者にしていただきました。

■事業承継・引継ぎ支援センターは事業承継の支援機関ですよね？

主な支援は後継者ありの場合の事業承継計画策定支援と後継者不在の事業者に対するマッチング支援です。そのため事業承継というより、経営課題や事業承継課題の抽出、整理や承継支援のコーディネート、M＆Aサポートが中心業務となります。

■現在も公認会計士との協業は多いでしょうか？

円滑な事業承継には事業の現状把握と事業自体の磨き上げが必要になる場合が多いです。そこで事業承継診断や経営課題解決のための外部専門家派遣、最近では事業承継計画の作成まで支援する中で、公認会計士としての経験が活用できる場面がありますので外部専門家として公認会計士の方との協業はあります。

■これまでのご経験から事業承継支援で重要なポイントを教えてください。

事業承継の本当の目的は株式を引き継ぐことや誰に引き継げるかという点ではなく、事業を引き継いだ後継者が承継後も事業を存続させられるかです。「先代経営者の方の事業への想いまで後継者が引き継げるか」、逆に「後継者の方の経営を先代後継者が口を挟まず見守っていけるか」は事業承継後の経営にとってとても重要なポイントだと思います。実際にこれらがうまくいっている企業は承継後の経営環境が改善していることが多いです。

■事業承継支援のために準備すべきことはありますか？

経営の勉強はもちろん、中小企業についての勉強が必要です。中小企業の社長の考えは監査法人での業務だけではなかなか見聞きすることはできないと思います。そういう意味で経営者との人脈も当然必要になります。

■中小企業経営の支援をするためにはどのような準備が必要でしょうか？

本で学べる中小企業経営はランチェスター戦略くらいではないでしょうか。中小企業の経営者と交流を持ち、多様な価値観を知る機会を持つことが大事ですね。報酬感なども監査法人か

File 07

ら独立するとまず戸惑うことと思います。

■座学でしか学べないことと経験でしか学べないことがありますよね。

座学で学べることは監査法人時代にも学ぶことはできますし、経験でしか学べないことでも、監査法人で機会があれば積極的に手を挙げて経験を積むよう動くべきです。

私は1年目に上場支援に手を挙げて、監査法人時代に主査として3社上場の経験を積むことができました。当時としては貴重な経験です。あくまでも当時はですが。

■事業承継支援の課題はありますか?

事業承継・引継ぎ支援センターもそうですが、省庁管轄の仕事は予算がなくなると終わる可能性と隣り合わせです。それが世の中に必要な機能なのであれば、そのノウハウを民間に展開していかなくてはいけません。その点は意識して仕事するようにしています。

■さまざまな経験を経て、現在はどのような業務の割合となっていますか?

現在は事業承継・引継ぎ支援センターがメインで、金融機関とのつながりができたこともあり、事業再生支援、社外役員がサブという感じです。

■現在の働き方について教えてください。

メインの事業承継・引継ぎ支援センターが17時まで、自分の事務所の仕事を21時くらいまでという生活です。週末も午前中はゆっくりしますが、昼からは仕事していることも多いです。

■プライベートについて教えてください。

学生時代は野球に打ち込み、子どもも野球をしていましたので、高校や大学の野球観戦が趣味ですね。観戦地の地域の食材やお酒も楽しんでいます。ストレスを感じたなと思ったら飲みに行っています。その日のストレスはその日に解消がモットーです。

■仕事の仕方でアドバイスはありますか？

段取りを重要視することでしょうか。監査がマニュアル化しているという話はよく聞きますが、主体性を持って段取りをコントロールできないと品質は保てても時間が増えてしまい、疲弊してしまうという悪循環になります。仕事をいかに効率化するかは先ほどの準備という点でも必要だと思います。

■後輩に伝えたいことはありますか？

何のためにその仕事をしているかを突き詰めてほしいです。人それぞれその仕事で誰かに貢献することや、その仕事で誰かにこんな思いをしてほしいという、その人なりの仕事の目的があるはずです。何のために仕事をするかが明確な方は、スキルも経験もしっかり習得してアウトプットされている印象があります。

■何事も目的を見失わない意識は重要ですよね。

その人の目的につながることは勉強すべきだと思います。この勉強や経験をすればいいというのではなく、「この目的のためにいまの仕事、勉強をしている。ほかにはどんなことを学ぶ必要があるか」という意識が重要だと思います。

■公認会計士でよかったと思う強みはなんですか？

内部統制監査で身につく業務フローの把握とヒアリング能力はほかの専門家に比べて公認会計士は強いと感じます。また、原価計算についても価格転嫁が必要な今の時代に公認会計士の強い武器になっていると思います。

■やりたいことは実現できていますか？

自己評価としては半分もできていないと考えています。頭の中にやりたいことはあるのですが、まだまだ情報と人脈づくりが必要な段階で、実際に動き出すとなると時間もお金も必要で

File 07

す。

■将来のビジョンをお聞かせください。

最終的には公認会計士の資格を返上しても企業から必要とされる人材になりたいと考えています。そのためには顧客の経営課題を解決できる信用を得る必要があり、その信用のためにも再生支援、上場支援、M&A、事業承継支援での実績やノウハウをこれからも蓄積していこうと考えています。

■社会にどんな影響を与えていきたいですか?

求めてくれる人、関わってくれる人の役に立って喜んでもらうことをしたいです。環境が変われば仕事内容は変わるものですが、その軸がぶれなければどんな仕事でも受け入れられると思います。これは仕事だけに限らずですね。

File
07

成長を加速、資金調達の名参謀

File 08

【CFO】

Nakatsuji Hitoshi
中辻 仁

［経歴］

① 監査法人に勤務
② 在籍中にUSCPAを取得
③ 監査法人を退職しアメリカへ留学する
④ 帰国後、監査法人系コンサルティング会社に就職
⑤ その後インフラ系企業に転職
⑥ インフラ系企業でイギリスに海外赴任する
⑦ 帰国後、スタートアップ会社に転職

■公認会計士を目指したきっかけを教えてください。

大学への内部進学がある高校に通っていたのですが、その時期に公認会計士を目指すことを決めました。高校3年間はスポーツに夢中でしたので、逆に大学では勉強したいと思ったのがきっかけです。また、自分自身で人生をコントロールしたいと考え、弁護士か公認会計士のどちらかで迷った結果、数字が好きなので公認会計士になろうと思いました。今思えば、単純な理由です。

■いつから勉強を始められましたか？

大学2年生から、専門学校に通い始めました。合格したのは、大学を卒業した年になります。公認会計士の就職は年によって、買い手市場、売り手市場のばらつきがありますが、私が合格した2006年は売り手市場でした。

■監査法人に入所後に、海外留学をされていますが、海外留学を目指されたきっかけや時期を教えてください。

もともとが小学5年から中学3年までを海外（バンコク）で過ごしたこともあり、いつかは海外で働きたいと思っていました。また、公認会計士も増えてきた時代でしたので、差別化を図るべく、英語を学ぶために海外に行きたいと考えたのがきっかけです。

まずは海外に行くために、海外のMBAを取ることを考え、監査法人在籍中に働きながら勉強を始めました。しかし、日本にいながら英語のスキルを伸ばすのは難しく、また、業務との兼ね合いで勉強時間を確保するのも困難なため、いったんは諦めました。USCPA*であれば、既存知識を活用して取得しやすいと考え、まずはUSCPAを取得し、海外留学をして、その後にMBAを目指すという方向に舵を切りました。

2009年にUSCPAに合格したのですが、そのタイミングで海外に行くことを決意しました。いったん、監査法人を退職して、アメリカのカリフォルニアに留学をしました。

*USCPA……米国公認会計士のこと。

■留学はいかがでしたか？

1年間アメリカで過ごすことができたのは、貴重な時間でした。アメリカ滞在中は勉強する時間も十分にあり、勉強している中で、投資銀行という存在を知りました。アメリカ滞在中にボストンキャリアフォーラム*に行く機会があり、モルガンスタンレーやUBSといった有名な投資銀行がたくさん来ていて、エントリーしたのですが、採用には至りませんでした。それまでは、投資銀行での業務内容をほとんど知りませんでしたが、ここでさらに興味を持つようになり、まずはM&Aの経験が必要だと思い、日本での就職先を探しました。

*ボストンキャリアフォーラム……ボストンで開かれる日英バイリンガルを対象とした世界最大級の就職・キャリアイベント（合同就職説明会のようなもの）。通称ボスキャリ。

■帰国されてからは、どういった業種でどのような業務に従事されたのですか？

M&Aの経験を積むために監査法人系のコンサルティング会社に就職して、デューデリジェンス（財務調査）を中心に業務を行っていました。コンサルティング会社で経験は積んでいま

File 08

したが、リーマンショックなどの環境変化がありました。色々あって投資銀行への就職は諦める中で、事業会社での経験を積みたいと思い、インフラ系企業に転職しました。

■インフラ系企業ではどういった業務に従事されましたか?

海外投資を行う部門（海外資源事業部）に配属されました。仕事の内容ですが、シェールガスなどの油ガス田に投資して、そこから発生する天然資源を販売するというビジネスに投資する仕事です。かなり特殊なビジネスなのですが、対象エリアがアメリカ、欧州、豪州でしたので、かなりの頻度で海外出張に行く日々が3年間くらい続きました。同社で働く中で、海外赴任を希望していて、運が良いことに海外赴任の声がかかりました。

■希望されていた海外赴任ですが、実際に経験されてみていかがでしたか?

ファイナンス機能があるイギリスに2016年から赴任しました。メーカーの会社で、イギリス人のCFOの補佐を行っていました。2019年6月に帰国するまでの約3年間、従業員

2000人規模の会社で日本人がわずか5～6名しかいないという環境下での経験は貴重なものでした。3年くらいイギリスで生活したのですが、色々と経験もさせていただき、非常に刺激的でした。

■帰国後はしばらくインフラ系企業に在籍されたのでしょうか？

インフラ系企業は、同僚もすごくよい人たちで優秀でしたので、ずっといられたらいいなと思っていました。ただせっかく会計士の資格があるので、自分の力を試したいと思い、転職を決意しました。

イギリスの赴任先がスタートアップ気質の強い会社でしたので、どうせならスタートアップ企業に行こうと思い、帰国後に転職しました。監査法人時代には、上場準備の支援や上場準備会社の監査も経験していませんでしたし、前職の事業会社とは規模も業務内容も大きく異なり、新たな挑戦になりました。

スタートアップでの業務は、ファイナンスと上場準備の業務でした。ベンチャーキャピタル

File 08

からの出資と金融機関からの融資で10億円の資金調達に成功しました。結局この会社には1年6カ月程度いて、2020年4月から別の上場準備のスタートアップに転職しました。財務責任者として、資金調達、上場準備全般のマネジメント、事業提携推進に関与していました。

■海外志向とお聞きしていましたが、方向性がずいぶん変わったように思います。

年齢的にも30代半ばに差し掛かっていましたので、このチャンスを逃したらスタートアップ業界には行けないだろうとも考え、思い切っての挑戦でした。

■実際にスタートアップに転職されていかがでしたか？

大企業とは大きく異なりました。スタートアップは資金がないため、まずはお金を調達することの優先度が高いです。今まで共通言語として通じていた専門用語がなかなか通じないことも外へ出てみてわかりました。

ほかにも、内部統制の整備・運用に関して、スタートアップでは、動機付けするところから始める必要があります。不備を指摘して、内部統制を整備しようとしても、どうしてこんな面倒くさいことをしなければいけないのか？　みたいな議論から始まりますので。

■監査法人を皮切りに多岐にわたるフィールドで活躍されていますが、給料面はどうでしょうか？

大企業に比べると、スタートアップ企業では年収などの待遇は悪くなる傾向にあります。

■それでもスタートアップ企業に転職されたのはどうしてですか？

やはり新たなフィールドでのチャレンジといいますか、待遇が悪くなるのは仕方ないなと思います。スタートアップではストックオプションも魅力の一つですが、実現する確率は高くありません。なので、ストックオプションを目的にスタートアップに参加するのではなく、何かを成し遂げたいのでスタートアップに参加するといった別の目的が必要かと思います。

File 08

■スタートアップでの職場でのワークライフバランスといいますか、残業時間とかはどれくらいでしょうか？

ファイナンス期間は、めちゃくちゃ働きます。土日も朝から晩までやっていたり、夜も12時までやっていたりします。投資家のデューデリジェンスが3本とか4本と同時に走ったりして、質問が次々に飛んできます。営業と同じで、質問に早く返信していかないといけないのです。その合間を縫って、上場準備もしていますので、本当に忙しいです。

しかも、ファイナンスができないと会社の資金繰りも苦しくなって、極論、倒産してしまいますので、プレッシャーもめちゃくちゃあります。一方で、ファイナンス期間でないときは、月平均20〜30時間の残業くらいで、土日も休みです。

■転職活動はどのようにされていたのですか？

インフラ系企業から最初のスタートアップ企業に転職した際には、エージェントを活用しました。2社目のスタートアップ企業に転職した際は紹介でした。1社目のスタートアップ企業を辞めることが決まって、次の就職先を探していた際に、知り合いから、2社目のスタートアップ企業のCEOを紹介してもらって内定をいただいています。

■将来の展望を教えてください。

将来的には、自分で事業を作りたいと思っています。ファイナンスは事業ありきの上で成り立っているので、上流工程の事業を作ることに注力できればと思っています。現在の経歴で、他社に転職したとしてもCFOとしての役割を求められることになります。結局、事業はやれないことになります。自分がCEOになったら自分がやりたいようにできますので、自分で経営してみたいです。

■事業を作りたいというのは魅力的ですね。

年々、CFOのレベルは上がっており、ファイナンス調達額は上がっています。ファイナンス以外の領域で差別化が必要で、今後は、事業にコミットできるCFOが評価されていくと思います。

資金調達をするにしても、事業をわかっていないとやはり上辺の事業計画になってしまいます。事業にコミットして、資金調達もできるとなると最強です。最近は、私の周りの公認会計士でも、事業にシフトしていく人が多いように思います。

■若手に向けて、監査法人時代にやっておいた方がいいことを教えてください。

英語はやっておいた方がいいと思います。あとは、それ以外にコアとなる軸を持つ、得意分野を作ることはしておいた方がいいと思います。たとえば、営業のスキルがある公認会計士は少ないです。能力的にはほとんど変わらなくても、営業のスキルがあるとないとでは、差が出てくると思います。

■営業のスキルは、どこの業界で生きていくにも大事なものですよね。

ファイナンスは営業ですので、必要なスキルです。公認会計士業界ではありがちな話ですが、魅力的に会社を見せるなどの能力は必要ですね。

■投資家側からは、「貴社の今の課題は？」みたいな質問がくるのではないでしょうか？

すごく聞かれます。投資家も、課題があるのは当然わかっていて、そこでの受け答え方を見ています。競合企業もいるわけですので、それを競合会社がいないと答えるのはおかしいです。競合会社の存在を認めた上で、どのように競争優位性を保っていくかという話をいかに説明できるかにかかっています。答えがないような質問に、詰まることなく説明できることが大事です。

■公認会計士でよかったなと思われることはありますか？

すごくありますね。公認会計士という資格のセーフティーネットです。このセーフティーネットがあるからこそ、いろんなことにチャレンジできるという点がメリットです。

File 08

コラム COLUMN

監査法人用語あるある

マイナーパス（僅少パス）

発見された誤りが「僅少許容金額」という監査上の基準値の一つを下回っており、誤りとしての処理手続きを省略すること。僅少許容金額を上回る誤りが発見されると、誤りの集計や評価に工数を要するので、発見された誤りの金額がマイナーパスできる水準だと嬉しい。

重審（監査法人により、重要審査・重要審理・本部審査等）

監査上、極めて重要な問題について、監査法人内の審査専門部署に判断を仰ぐこと。監査におけるハイライトであり、時にこの重審の結果をめぐり監査法人とクライアントで熾烈なバトルが勃発する。

調書リファレンス

複数の監査調書間で数字の整合性を取り、調書上それを明示すること。これが適切に実施できていない、すなわち監査調書にどこの馬の骨とも知らない数字が放置されていると、監査調書を完成させたことにならないとして、先輩からお叱りを受けることになる。

それ、去年も説明しましたよ

クライアントとの質問回答の過去のやり取りが適切に引き継ぎされておらず、それを知らずに質問をしてしまうも、クライアント担当者に回答をにべもなく拒否されてしまうこと。

再発送

預金や売掛金などの残高の実在性を検討するために確認状を発送したものの、回答内容に不備があり、再度発送すること。監査終盤で重要な確認状を再発送するとなると、返送が監査報告書の提出日に間に合うかどうかドキドキすることになる。

パートナー来るらしい

監査責任者であるパートナーは、いくつものクライアントをかけもちで担当しているため、それぞれの監査現場に現れる頻度は低くなる。シニアをはじめとした現場の担当者らは、パートナーが現場に来ることを察知すると、レビューしてもらう調書や現場で起こっていることの報告事項の整理を行い、襟を正して待つのである。

実務と学問のハイブリッド

【教授】

File 09

Asada Hirofumi

浅田 拓史

［経歴］

① 公認会計士試験合格
② 専門学校で簿記の講師をする
③ 監査法人に入所
④ 大学に戻り准教授になる
⑤ 著書を発刊
⑥ 大学教授になる

■現在は研究者として活躍されていますが、当初会計士を目指そうと思ったきっかけは何だったのでしょうか？

もともとは研究ではなく、会計士で生きていこうと思っていました。大学の学部に入ったころは、ビジネスの勉強をして金持ちになるぞ、みたいなことを思っていたのですが、経済の勉強を突き詰めたとしても、どう考えても自分が儲かる話にならないと感じました。

限界効用逓減の法則とか、衝撃的でした。リンゴは1個目より2個目の方が美味しくない、だけど美味しさは0にはならないみたいな。それを聞いて、リアリティがないな、5つ目くらいから吐きそうになるけどなぁなどと思ったりしていました。今思えば単に勉強不足だったのですが。だからそういうのを極めたとしてもこれは儲からんぞということで、ステータスもあるし、稼ぎもいい（？）という話を聞いて会計士の勉強を始めています。

■研究の道に進むきっかけはどういったものだったのでしょう。

大層なものではないですが、師匠の上總康行教授から「学者の世界はいいぞ、研究は楽しい

File 09

ぞ」と飲みながら揺さぶられた結果いつの間にかこうなっていました。ですので、本当は体が2つあったら、研究者と会計士両方やりきってみたいなというのはあります。監査法人には結果的に5年ほどいましたが、もう少しやってみたかったです。

■会計士試験に受かってすぐは監査法人に入所していないのですね。

大学院1年のとき、2005年会計士補最後の年に会計士試験に通ったのですが、修士課程は修了するつもりだったので、合格後1～2年の間は専門学校で簿記の講師をしていました。ですが、師匠から一度は監査法人に行ってこいというようなことを言われまして、大手監査法人の大阪事務所にお世話になることになりました。

■当時は監査法人に勤めるつもりはなかったのでしょうか?

私自身は実務を知りたいという気持ちはありましたが、当時は、会計士の資格を取ってしまうと、もはや研究者としてはやっていけないみたいな風潮がまだあったように思います。しかし、師匠は割と考え方がフレキシブルで、研究者でも実務を知っていた方が良いという考え方の人でしたので、勉強のつもりでといっては失礼ですが、会計監査に従事することになりました。

■正直な話、結果的には会計士試験は受からなくてもよかったということでしょうか?

いいえ、必ずしもそういうわけでもないです。私の一番の関心は、会計の実務を知りたいというところでした。なので、会計士の資格を持って、会計監査の現場を知ることができるというのは私にとっては大きなことでした。会計士が見ることのできる管理会計の現場というのは、それほど広くはないですが、それでもやはり現場にいける経験を積みたいというのはありました。それがだいたい2010年ぐらいまでの話です。

■監査法人を辞めて、研究の道に戻られてから教授になるのがすごく早くないですか?

2010年4月に大阪経済大学に着任して、3年くらいで准教授、2023年に教授になりました。実は3年くらい前にも教授にならないかという話があったのですが、その時は丁重にお断りしました。というのも、師匠の「本を執筆するまで教授にはなるな」という方針がありまして。去年（2023年）一冊書き終えたということで、無事教授というところです。

■アカデミックなポストというと、すごく上が詰まっている印象があります。

それは人と場所によると思います。おそらく理科系はそういう傾向が強いのではないかと。私たちの場合は割と楽にあげてくれています。週に何コマという授業と、教授会などへの出席さえきちんとこなしていれば、そこまでガチガチに忙しい感じでもないですしね。

■研究者としての成果はそこまで厳しく求められないのですか？

良くも悪くもうちはあまり厳しくありません。先日、海外の研究者が訪日された際に、海外での研究者としての評価のルールについて伺いましたが、やはり一定のクオリティを維持し続けなければならないという意味で非常に厳しいのだなと感じました。逆にうちの場合は、どれだけ頑張っても給料はなかなか上がらないですよ（笑）。だからそこは一長一短で、ただ好きなことを割と自由にやらせてもらっているという意味では、ありがたいことだと思っています。

■ちなみに大学教授の給料というのはどれくらいいただけるものなのですか？

国立大学の教授は、私と同年代ぐらいだとだいたい800万円ぐらいです。私立大学はまちまちですが、私の大学の場合はそれよりは比較的もらえるほうですね。

■研究の世界で会計士はどういう扱いをされるのでしょうか？

会計士の資格を持っていて研究者になる人は、最近増えてきました。管理会計の分野でも若手が何人もいます。厳密に会計士である必要がある場面というのはもちろんありませんが、研究者と実務家との橋渡し的な意味で、研究者が会計士であるという意義は大いにあると思っています。

■ということは、産学連携で何かされているのでしょうか？

報酬をもらってないので産学連携とは少し違うかもしれませんが、たとえば、とある売上200億円ぐらいの企業で管理会計の仕組みを構築するというのはやりました。作っている製品が、1個1個受注生産品だったのですが、まったく原価計算ができていないような状態で、私たちが入り仕組みを作ってPDCAを回すというプロジェクトでした。産学連携については、それが好きな人はもっとやっていますよ。

■仮想空間でモノを売るということをされているらしいですが、産学連携とは違うのですか？

それは、メタ・マルシェといって、メタバースの会社と組んで教育の一環としてやっています。一応、形としては産学連携です。アバターで仮想空間に入り、実際に相手を見ながらやり取りをするという仕組みです。リアルで売るだけでは、売る場所も時間も限られてしまいますし、ちょうどコロナ禍でメタバースが流行したというのもあってやってみました。ほかには、学生のコーヒーサークルがあり、自家焙煎した豆を「くすのきブレンド」というオリジナル商品としてうちのゼミで売っているというのもあります。福祉事業所と共同で商品開発を行って、販路開拓までしています。

■学生的には、そういう実務的なものがあると楽しそうです。

大学の授業って、本当に世の中に出たときにどれくらい役に立つのかがわかりにくいので、そういう意味では意義があることだとは思います。でも、学生にしてみたら結構しんどいと思います。外部の人たちとメールでやり取りをするのも、外国人とやり取りをするような感覚かもしれません。ゼミとしての難易度というのも、なかなかバランスが難しいですね。

■大学教授の仕事のリズムというのはどのような感じなのですか?

私の場合は、週5日のうち、まず講義を2日にまとめています。この2日は講義をする日というふうに。残りの3日のうち、1日はだいたい会議が入ります。教授会などいろいろありま す。残りの2日はいわば自由時間です。日によってまちまちですが、だいたい朝5時くらいに起きてアラートメールをチェックします。こんな論文出ましたよっていう世界のいろんな雑誌からくるアラートです。

■論文のチェックというと大学教授らしいですが、お忙しいですか？

予定のない日は、ほぼ一日中論文を読んでいます。1時間半の通勤時間も含め、朝から晩までひたすら論文を読み込んで次の論文構想を考えたりしています。ほかには、並行して走っているプロジェクトの連絡に返信したりもします。後は自由な日に研究会や企業の現地調査日程を入れることもあります。ただ、基本的にはそんなに忙しくはしていません。

私は師匠からも「暇にしておけ、忙しくしちゃいかん」と言われています。学者は暇にしていないと駄目と。その心は、暇じゃないと考える時間がないし、何か突発的にプロジェクトが始まるような、ここぞというときに動かないといけないということです。すごくいい調査ができそうだというタイミングが来たときに、調査先にパッと行って一気にやり切る感じです。忙しくて1カ月先まで予定パンパンですという状況だとそういう動きができませんからね。

■現在のお仕事の中で、監査法人を経験していて良かったと思われるのはどういう点ですか？

やはり、クライアントの中のものを見られるということです。社内の稟議書を見るとかっていうのはすごく有益だと思います。ほかにも、たとえば会計システムとはこういうものなのか、とか、そういうイメージを持てるというのは大きいです。もちろん、だからといっていい研究者になれるとかそういうわけではもちろん決してないのは当然ですが。

また、監査法人で働くといろんな人と出会えるというのもありますね。

監査法人時代に、同じチームに東京大学出身の人がいて、めちゃくちゃ腰が低いんですよ。しかも勉強もしていて仕事もすごくできるんです。私はそれを見たときに、この人はどう考えても超えられないと思いましたね。あんなにクライアントに対して腰が低くて、周りには優しくて、それでいて仕事ができるのだから勝てる要素がない。こういう人に出会えたのもよかったです。

File 09

■今やりたいことはできていますか?

基本的にやりたいことしかやっていません。偉い人にはやりたくないこともやらないといけないって言われそうですが。ただ、やりたくないことは効率が悪いし、仕事の質としても良くないと思います。やはり好きなことを真剣に楽しんでやる方がいいです。

■若手の会計士や会計士を目指そうという人たちが、研究者の道もいいなと思ったときにはどうすればいいでしょうか?

まず学問に興味があるというなら、大学院に入ってみるというのは一つの手ではないかと思います。フルタイムじゃなくても行ける大学院もたくさんありますしね。そういうところで研究というものに一度触れて、論文を書くということがどういうことなのかというのを体験してみたらよいのではないでしょうか。

■学問の世界としてはそういう人たちはウェルカムなのでしょうか？

この世界は、玄人の研究者というか、学生から純粋に培養されてきた研究者だけでは絶対に駄目だと思っています。やはり、実務実学の世界を経験した人の視点というのは絶対に必要です。だからその人個人にとっていいかどうかは別にして、学問の世界にとってはそういう世界を見てきた人たちにぜひ来ていただきたいです。

■純粋培養とそうでない人で、具体的にどういうところが違ってきますか？

この世界に学生から純粋培養で入ってくると、論文を書くことが目的化してしまうことがあります。本来は、「こういうことが知りたい」とか、「こういうことで社会に貢献したい」というのがありきで論文を書くというのが筋でしょう。そうではなくて、論文を書かなければならないのは決まっていて、論文になりそうな手持ちのネタがこれとこれだから、それを使って論文を書いてみましたというようなことになってしまいがちです。本当はよくないとわかっていながらです。

■監査を含めて実務経験がある人は目的意識がはっきりしているということでしょうか？

そうです。世の中のここがおかしい、ここをこうして社会に貢献したいというのを割とはっきり持っていますね。一方で、割と視点が凝り固まっているという面もあります。学問にはさまざまなタイプの研究の方向性があるのですが、たとえば管理会計は金儲けのためにやってるんでしょう?というような感じで、広い視野を持てていないケースです。

■それは実務経験がむしろ邪魔をしているということですか？

実務での経験を基にして研究をしてみたいとなっている以上、ある意味仕方のないことだとは思います。その分、研究者としての突進力はあると思っています。逆に柔軟性が足りないという話になるのですが、やはりそこのバランスは難しいですね。

■会計士の勉強をしている人が、将来は研究者としてやっていきたいといった場合に、いったん大学院を経てから監査法人に行くというのはいかがですか？

一つの手だと思います。少なくとも、実務の世界から学問の世界に来たときのショックは小さいと思います。というのも、たとえば管理会計研究は経済学、社会学、心理学などの研究を基礎にしたものが多いので、これらの知識がある程度必要になります。たとえば社会学では、最低限理解しておかなければならない理論がいくつかあります。制度理論・アクターネットワーク理論・フーコー理論といったものですが、日本の大学院では体系立てて教えるという習慣がなく、大学院で学びながら時間をかけて独学しなければなりません。この知識がないと論文が理解できないし、海外の研究者と話すことができません。そういう研究者としての素養の部分を、先に習得しておくことは、後々研究者として生きていく上でかなり重要だと思っています。

■シンプルな話、学者としての生き方は面白いですか？

面白いですよ。いろんな場所に、いろんな人の話を聞きに行けるんですよ。たとえば監査法

File 09

人で働いていると、いろんなクライアントにはもちろん行けるのだけれど、好きな会社に行けるわけではないじゃないですか。私たちはそういう制限がないから、それこそニデックの永守社長（当時）にお話を聞きに行ったりできる。会いに行ったら「やっと来たか、来るのが遅いね」って言われましたけどね。これは研究者が無害だから受け入れてもらいやすいという部分もあります。

■そういう、ひたすら興味や好奇心に忠実な活動を仕事にするというのは憧れます。

一つ言っておかなければならないのは、大学院は修士と博士で5年あって、5年後に仕事があるっていう保証があればいいんですけど、もちろんそんなことはないんですよね。だから研究者になりたい人っていうのはもちろんウェルカムだから、一度修士課程で2年間やってみて、向いているか向いていないか、このまま先に進んでもいいかどうかを試してみたらいいかもしれません。

■今後の目標みたいなものを聞かせていただけますか？

社会から信頼される会計士資格を持つ身として、もう少し実務に貢献できたらいいなとは思います。せっかく少しは現場・現実のこともわかっているはずですし。私たちは人にものを教える商売をしているわけで、何かを教えるとなったときに社会経験があるというのはすごく大事だと思います。会計の分野でいうと、監査の現場で、決算発表の前日に多額の虚偽表示が見つかったらどんな修羅場になるかとか、棚卸で何をしているとか、そういうのは引き出しとしてはやはり面白いと思ってもらえるし、役に立ちます。

■最後に、後進の人たちに何かひと言いただけますか？

個人的には会計士にもっとこちらの世界に入ってきてほしいと思っています。それこそ原価計算研究学会や管理会計学会などの学会で、公認会計士部会ができるくらいに。興味のある人は連絡をくれればと思います。会計士としての実務経験は必ず役に立つので、学問に興味があれば、一度大学院で学んでみてください。

File 09

たどり着いたのは"起業"という選択肢

File 10

【事業】

Ogata Kentaro

緒方 憲太郎

[経歴]

① 試験合格後、大手監査法人に入所
② 渡米し、現地監査チームとして従事
③ 帰国後、ベンチャー企業向けの
コンサルティング業務に従事
④ 自身で起業する

■ご経歴を教えてください。

試験合格後、新日本監査法人*の大阪事務所に入所し、その後アメリカに渡り現地で監査に従事しました。帰国後は東京で主にベンチャー企業向けのコンサルティング業務を経て、自身で起業という流れになります。

現在は公認会計士登録をしておらず、株式会社Ｖｏｉｃｙの代表取締役ＣＥＯをしています。

＊新日本監査法人……現ＥＹ新日本有限責任監査法人

■公認会計士を目指したきっかけを教えてください。

学生時代、近所に住む起業支援をしている公認会計士の方と知り合ったことです。「公認会計士になれば経営者やいろんな方と出会えるんじゃないか」というイメージを持ちました。大学では理系の物理を勉強していたのですが、将来その分野で就職することにも疑問を感じており、そんなときに公認会計士という資格を思い出し、目指すことにしました。

当時の私は「将来楽しいことがしたい、できれば楽をしたい」という考え方だったと思います。

大学も家から通える範囲やロケーションで決めるタイプでした。

起業したいという想いは、監査法人での出会いやその後のベンチャー支援の経験の中で結果として芽生えたのだと思います。

■監査法人時代に仕事が面白いと感じたのはどのような点でしたか？

やはり多くの会社の内部情報を自分の目で見る機会が当たり前にある環境でしょうか。

一般的に社長の方であっても経験したことがある会社は1社か2社という方が多数派の中で、監査法人では監査業務を通して多くの会社の経営に関するあらゆる情報に触れる機会があるわけです。

コンサルティング会社も一緒ですが、業務を通して多くの事例に触れる機会があることは公認会計士の資格のとても恵まれた点だと思います。

若くしていろいろな立場の方とやり取りする中で、組織の仕組みや従業員の方の声を見聞きできたことは人生の勉強としてとても良かったと思います。

日本中を出張して各地の美味しいものや歴史も学ぶことができたこともすごく良い経験でした。自分より20も30も年上の部長さんが対等に話をしてくれる点は緊張もありますが、刺激的な経験だと思います。

■**逆に監査法人時代の苦労や不満などはありましたか?**

現在では有資格者以外のアシスタント制度やITツールの利用度も高まっていると思いますが、当時はアナログなやり方が主流で、監査判断に至るまでの情報整理のための単純作業が非常に多かったと感じています。できるだけ判断の部分に公認会計士が時間を割けるような仕組みづくりの必要性は感じていました。

■**経営者として監査法人時代を振り返って思うことはありますか?**

監査人として恵まれた環境を得た反面、業務の特性上組織の動かし方や、事業経営の成果や

File 10

生産性に対する感度は身に付きにくい環境であったと考えています。

特に仕事をよりクリエイティブにするための思考習慣などは私の時代には学び実践する機会があまりなく、経営者になってから習得することに時間を要しました。

■監査法人時代の自己研鑽はどのようにされていましたか？

たとえば社員の給与水準や、担当者の業務内容、この会社で不正が起こるとすればどの局面で起こるのだろうといったことなど、担当の監査手続で必要のない情報も事業経営の観点で意識的によく見たり検討したりしていました。

■ご自身は監査法人勤務に向いていましたか？

私の場合、自分に自信がなかったのでみんなと同じ方向に走っても対等に戦えないと思ってしまうタイプでした。好奇心を抑えてみんなで同じことをするということが素直にできなかったというか、弱者の戦略というか。

そのような点で監査法人より自由度の高い今の環境が肌に合っています。

監査法人に必要な人材は、実質面も形式面もチームの目的達成のために自分の役割を理解して業務遂行できる方なのではと考えます。

これは外に出たからこそ感じることですね。当時は監査法人で働くことが当たり前でしたので。

クリエイティブに成長していくことでより社会に貢献していく感覚を仕事の喜びと感じられたのは経営者になってからです。

■海外の現地監査チームで働いたきっかけを教えてください。

29歳のときに監査法人を休職して旅に出ました。ニューヨークのErnst & Youngに飛び込みで見学させてもらい、報酬の話をしてみたら面接に回され…という流れです。

英語も英文財務諸表監査もできない状態で採用されたので地獄の日々でした（笑）。

■海外監査チームでの業務で印象的なことはありますか？

仕事の振り方、マネジメントですね。業務と評価基準を明確にした上で業務が割り当てられるので、その評価基準を満たすために全力で取り組むという仕組みです。評価基準を満たせずすぐにクビになる方もいるのが日常でした。だから仕事以外の時間に自分のキャリアアップするのが当たり前の環境でしたね。

■日本はどちらかというと業務はチームで分けあう文化ですよね。

そのとおりです。

思いやり精神のある日本人の特性に依存した経営モデルになっているので、誰かができない場合みんなでフォローするのが当たり前の文化ですが、海外の場合は仕事を振る側も振られる側も常に評価されていますので、その点は日本と大きく異なる文化でしたね。

■帰国後のベンチャー企業向けコンサルティング業務での経験はいかがでしたか？

私にとってターニングポイントとなりました。

やればやるほどより自分の成長が感じられ、人の役に立てていることを実感することができました。

会社の社員が毎年2倍3倍に成長していくのを目の当たりにし、日本も捨てたもんじゃないなと感じる毎日でした。

■ベンチャーサポート内での具体的な業務内容はどのようなものでしたか？

実際にやっていたことは企業のために必要なものを全て何でも相談に乗るという感じで、事業計画策定や、金融機関や投資家からの資金調達のお手伝い、人と人をつなぐというようなことが多かったです。

■ベンチャーサポートにおいて監査の経験は活かせましたか?

やはり多くの会社のビジネスを見てきた経験は、会社のビジョンだけという竹やり一本で戦っているベンチャー企業の経営者にほかの武器や盾もあることをアドバイスすることに活かせたと感じています。役に立てている感覚、自分が関わる仕事で社会が変わるんだと明確に感じることができました。

■ベンチャーサポートにおいて自分が役に立てたと感じる瞬間を教えてください。

監査法人にいたころは、周りの人たちにたくさん迷惑をかけていて、その時はサボって組織内でポジションを確立する方が得なんじゃないかと考えたこともありました。どうせ誰かがやってくれるし、仕事さえこなしていれば…というように。評価されなかったり回り道はしたけど、この瞬間のためにこれまでの知識や経験を蓄積する機会があったんだと確信できました。

日本に帰国後、33歳で初めて、「仕事って面白い、やったらやっただけ得するんだ、サボってる方が得っていうんじゃないんだ」ということを感じられました。

■今の監査業務に閉塞感を感じている公認会計士の若手がいる現実についてどう思われますか？

試験勉強をすごく頑張ってこの業界に入った優秀な人たちが、他人任せにした方が得だと感じてしまうことはとてももったいないことだと思います。監査法人にはそうならないような仕組みづくりに取り組んでいただき、若手の方には全ての経験は将来の自分につながっていると信じて自己研鑽に励んでいただきたいと思います。

■起業されたきっかけはやはりベンチャー支援での経験が影響したのでしょうか？

多くのベンチャー企業に触れて「経営したもん勝ち」という考えに至ったことがきっかけです。

日本にはリーダーや経営者が不足しており、今の自分だったら不誠実な経営さえしなければある程度やれるのではと思いました。

また、ベンチャー支援によりビジネスの多様化を肌で感じ、もっと多くの起業家たちに「ここまでの事業をやったっていいんだぞ」という見本を見せたい想いもありました。

■起業することに不安はなかったのでしょうか？

スタートアップ支援の経験から、「勝てる会社」と「勝てない会社」の差は本質的に事業に価値があるかないかだけだと考えています。

たとえば解約できないサービスなど、仕組みが優秀で一時的に勝てたとしても、本質的に顧客が喜んでいないと勝ち続けることはできないこともありますよね。

その点私が経営するＶｏｉｃｙは人が話す内容自体が商品であり、飲み屋での話を記録しているわけでもなく、動画にもあげていない、でもそこに本質的な価値が見いだせれば勝てるのではないかと考えています。

■ベンチャーサポートの経験で、起業家マインドが醸成されたのですね。

ベンチャー企業を支援している日本の専門家や投資家はほとんど自分で事業をしたことがないという点も起業のきっかけになっています。

また、海外では大学講師の中にも過去にＩＰＯ経験があるという方もいます。

■Ｖｏｉｃｙについて教えてください。

Ｖｏｉｃｙは音声とテクノロジーを使った音声プラットフォーム事業です。個人やメディアが収録した声を、編集なしでスマートフォンアプリでそのまま発信できる手軽さと、本人性の高い「声」を通じた発信により、パーソナリティの熱量や感情までリスナーに届けることができることが特徴のサービスです。

■Ｖｏｉｃｙの開発はもともと構想があったのでしょうか？

父親がアナウンサーということもあり、話す人にもっとチャンスがあったらいいのにという想いはありました。

また、これまでベンチャーをサポートしてきた自分だからこそ、誰もやったことがない事業にチャレンジしたいという思いもありました。

■開発にあたり、苦労した点を教えてください。

Voicy構築には無休で1年以上の開発期間がかかりました。しかも、事業内容がすでにあるサービスではなく、世の中にないものを作ることに対して理解してもらえないこともあり、名刺を渡してすぐ捨てられることも多々ありました。資金調達にはすごく苦労しました。

■世の中にない事業での起業だからこその苦労ですね。

初の起業としてはハードルが高すぎたとも感じています。マーケットもなく、何をすればお金を払ってくれるかすらわからないという状況で、しかも事業規模を大きくするために莫大な資金がかかるというSSクラスに難しいクラウドサービスから始めたということが失敗でした

（笑）。

社会の課題が明確でそれを解決するためのツールを作るとか、みんなおいしいものを食べたいって決まっているのだから、それに対してよりおいしいものを作れば売れるとか一般的なビジネスの方程式でやればよかったとも思います。

■これまでの経験の中で失敗したことを教えてください。

毎週人が辞めていき、3カ月で30数人の組織が14人になったことがあります。

経営者と従業員の事業に対する想いや姿勢の温度差ですよね。

人の巻き込み方がわからず悩みました。

今では学びになっているし、やはり大体の経営者の相談って、ほぼ組織に関するものなので、やっとそういう相談にも乗っていけるようになったのかなという気はしますね。

■起業において公認会計士であることのメリット・デメリットは何ですか？

メリットは、経営者が会計から税金まで把握できるので、資金繰りを理解できることですね。経営上とてもメリットがあると思います。

逆にデメリットは、キャリアの長い期間を同じ人種としか仕事をしたことがないことですね。人を集めようにも、今まで働いた会社の中に、エンジニアやマーケター、人事ができる人がいない、相談する相手がいない状態でした。

■公認会計士はほかの専門的な異業種とのつながりはあるものの、それだけでは経営に必要な人材は揃いませんからね。

同じ属性の人しかいない職場環境に長くいたため、自分の視野も偏っていることを実感しました。

公認会計士とだけ仕事をしていると、多様性のあるチームが組めなくなる。

お客さんの気持ちもわからないし、会社の中の物事も理解ができない局面が多かったですね。

経営者としてやっていくのであれば公認会計士の資格を取ったら、まずは一般事業会社で事業に対する理解を深めるのも一案かもしれません。

■監査法人に入ったばかりの若手にかける言葉はありますか?

知識や経験を得ることは公認会計士としてめちゃくちゃポジティブなことなのですが、長い人生で自分がそれを何年やって何を得て、次に何をしたいかまで考えることが必要だと思います。

監査という業務自体は公認会計士としての選択肢の一部であって、ぴったり向いている人もいれば、そうでない人もいるということを前提に選択していくといいかと思います。

■キャリアに対するお考えを教えてください。

キャリアアップについてこだわりはなく、人よりもやりたいことがあるからこれをするというよりは、不確定要素がたくさんある人生の中で、いろいろな経験や出会いがあることが自分の幸せだと考えています。

貯金をしたいとか、安定させたいということもなく、一番楽しいことにお金を使いたい、つまり自分への投資です。一般的な投資で利回りを貯金しておくくらいなら、私は断然今にどんどん投資をしていきたいです。

■監査法人の後輩たちに向けてメッセージはありますか？

監査法人は公認会計士が多くの知識や経験を積む場としてとてもメリットがあり、公認会計士にしか得られない経験や機会があります。

一方で、ごく限られた人員で構成された組織体であることを忘れてはいけません。世の中の企業で活き活き働いている人たちがどういう仕組みで働いているのかは、ただ監査法人で監査スキルを磨くだけでは見えてこないと思います。

監査法人の外に出ないと気づけませんでしたが、今監査法人で勤務する方もこのことは知っておいて損はないと思います。

■将来起業を目指す後輩たちに向けてメッセージはありますか？

私のように、多くの人と出会い、さまざまな経験をすることが人生の楽しみだと感じる方にとっては、いろんな環境に対応できる人間になっておく必要があると伝えたいです。

公認会計士という専門家として起業するのであれば、より多くのものを見て自分を活かせる環境を作っていくことが重要だと思います。

副業でも無報酬でもいいからやったことがないことを手伝ってみるとか、常に自分の周りにいない業種の人たちと関わってみるのもいいのではないかと思います。

■公認会計士という資格のもつメリットはどのように考えますか？

独占業務である監査業務という最終的なセーフティーネットがあるからこそ自由にチャレンジできること、またその専門性によって、いろんなビジネスマンと出会い、話ができる、時には相談してもらえるということが最大のメリットだと思います。ボウリングでいうとガターがなくなったような、後は好きに投げたらいいわけですよね。

File 10

公認会計士になって本当によかったと今も感じています。また、集中して仕事をやりきった経験があることは実はとても大きな財産になります。

■**現在の生活スタイルについて教えてください。**

Ｖｏｉｃｙをフルタイムで勤務しつつ、ベンチャーサポート時代のような事業相談は土日など空いた時間で対応しています。また、Ｖｏｉｃｙ内でオンラインサロンを持っており、毎月定例イベントをしたりしています。

■**将来の展望を教えてください。**

自分の人生を最高に楽しむことを一番の義務だと思い、楽しいことに全力で取り組みます。

Ｖｏｉｃｙがあってよかったとか、緒方がいてよかったという刺激を周りに与えられたらいいなと思っています。

■最後に、この本を読んだ方へメッセージをお願いします。

新しいことがしたい、自分でやりたいことがあるという方は、自分が頑張れるうちにどんどん自分に投資をして頑張る、その結果人生を豊かにすることでその投資を回収していけばいいと思います。

この本を読んだからといって何かを頑張る必要はないし、世間はあなたにもっと頑張れなんて少しも思ってません。でも、ちょっとでも頑張った人たちにチャンスがくる世の中であればと思いますし、そのために社会によりハッピーな要素を増やしていければと思います。

File 10

◆執筆者紹介◆（50音順）

■綾木　彰吾

近畿大学経営学部商学科卒業。有限責任監査法人トーマツ、仰星監査法人を経て、綾木公認会計士事務所開業。平成27年公認会計士登録。令和元年税理士登録。

日本公認会計士協会京滋会出版委員。

■井原　辰義

同志社大学経済学部卒業。東証一部上場メーカー企画営業職、有限責任監査法人トーマツ、朝日税理士法人を経て公認会計士井原事務所開業。

平成24年公認会計士登録。平成30年税理士登録。監査法人京立志社員。

日本公認会計士協会京滋会出版委員。

■岩永　憲秀

立命館大学経済学部卒業。中央青山監査法人での勤務を経て、ひかり監査法人の統括代表社員を現任。平成16年公認会計士登録。平成20年税理士登録。

日本公認会計士協会京滋会副会長。

■大川　真司

同志社大学法学部法律学科卒業。あずさ監査法人での勤務を経て、大川公認会計士・税理士事務所所属。平成20年公認会計士登録。平成22年税理士登録。

日本公認会計士協会京滋会役員（推薦委員会委員長）。

■川元　麻衣

関西大学商学部商学科卒業。ひかり監査法人、新井・松原コンサルティング株式会社での勤務を経て、川元麻衣公認会計士事務所開業。平成27年公認会計士登録。平成28年税理士登録。関西大学非常勤講師。

日本公認会計士協会京滋会出版委員。

■谷口　純一

同志社大学商学部商学科卒業。ＥＹ新日本有限責任監査法人、ＥＹストラテジー・アンド・コンサルティング株式会社を経て、谷口純一公認会計士事務所開業。平成28年公認会計士登録。令和４年税理士登録。

日本公認会計士協会京滋会出版委員。

■八田　泰孝

同志社大学商学部卒業。有限責任監査法人トーマツを経て税理士法人エム・エイ・シー京都代表社員。平成13年公認会計士登録。平成23年税理士登録。

日本公認会計士協会京滋会役員（厚生部部長）。

■原田　秀樹

京都大学経済学部卒業。有限責任監査法人トーマツでの勤務の後、独立し公認会計士事務所原田会計を開設。平成23年公認会計士登録、平成31年税理士登録。

日本公認会計士協会京滋会役員（出版委員会委員長）。

■山田　陽子

京都大学教育学部卒業。四方宏治公認会計士事務所での勤務を経て、山田陽子公認会計士事務所を開設。平成11年公認会計士登録。平成14年税理士登録。

日本公認会計士協会京滋会会長。

※本書の記述にある実務・慣習等は、実際とは異なる場合があります。

公認会計士《こうにんかいけいし》の歩《ある》き方《かた》　10のキャリアの道《みち》しるべ

2025年４月18日　発行

監修者　山田《やまだ》 陽子《ようこ》

編著者　日本《にほん》公認会計士《こうにんかいけいし》協会《きょうかい》京滋会《けいじかい》　Ⓒ

発行者　小泉 定裕

発行所　株式会社 清文社
東京都文京区小石川１丁目３－25（小石川大国ビル）
〒112-0002　電話 03(4332)1375　FAX 03(4332)1376
大阪市北区天神橋２丁目北２－６（大和南森町ビル）
〒530-0041　電話 06(6135)4050　FAX 06(6135)4059
URL https://www.skattsei.co.jp/

印刷：㈱太洋社

■本書の内容に関するお問い合わせは編集部までFAX(06-6135-4056)又はメール（edit-w@skattsei.co.jp)でお願いします。
■本書の追録情報等は、当社ホームページ（https://www.skattsei.co.jp）をご覧ください。

ISBN978-4-433-76335-0